KB151299

달리는 베트남 · 미얀마에 나를 세워라

달리는 베트남·미얀마에 나를 세워라

초판 1쇄 인쇄일 2019년 11월 25일
초판 1쇄 발행일 2019년 12월 2일

지은이 차길제
펴낸이 최길주

펴낸곳 도서출판 BG북갤러리
등록일자 2003년 11월 5일(제318-2003-000130호)
주소 서울시 영등포구 국회대로72길 6, 405호(여의도동, 아크로폴리스)
전화 02)761-7005(代)
팩스 02)761-7995
홈페이지 http://www.bookgallery.co.kr
E-mail cgjpower@hanmail.net

ⓒ 차길제, 2019

ISBN 978-89-6495-149-1 03320

* 저자와 협의에 의해 인지는 생략합니다.
* 잘못된 책은 바꾸어 드립니다.
* 책값은 뒤표지에 있습니다.

이 도서의 국립중앙도서관 출판시도서목록(CIP)은 e-CIP홈페이지(http://www.nl.go.kr/ecip)
와 국가자료공동목록시스템(http://www.nl.go.kr/kolisnet)에서 이용하실 수 있습니다.
(CIP제어번호 : CIP2019046864)

한눈에 보는 베트남 & 미얀마 창업시장과 부동산, 주식투자 전망!

누구라도 이 책 속의 호찌민과 하노이, 양곤을 보는 순간 눈이 번쩍 띌 것이다.

현재의 베트남·미얀마의 모든 정보를 이 책에 담았다.

달리는 베트남·미얀마에 나를 세워라

BIG 북갤러리

화려한 자영업시대는 이제 시작이다

현재 베트남은 어떤 세상인지 이 한 사람이 모든 걸 말해주고 있다.

베트남 1등 기업 빈그룹.
지금 베트남은 이런 영웅이 탄생하는 나라다.

주식을 오래해온 필자는 기업에 관심이 많다.
필자가 아는 베트남은 그저 못사는 공산국가로, 그간 관심의 대상이 아니었다. 그런데 지난 2008년 세계금융위기 이후부터 '베트남'이라는 단어가 조금씩 매스컴을 타기 시작하더니, 요 몇 년 사이 경제에 관심이 많은 필자에게 폭발적인 관심을 끄는 나라로 다가오고 있다.

날이 갈수록 이렇게 급성장하는 변화의 중심에 '베트남의 삼성'이라 불리는 빈그룹이 있다.

팜 니얏트 보홍 회장(52세)은 중국 알리바바 마윈(중국이 막 떠오를 무렵인 1990년 중후반, 맨주먹으로 창업 25년 만에 재산 44조 원)과 유사한 인물이며, 우리나라의 정주영, 이병철과 닮은 점도 있고, 롯데 창업주 신격호 회장과도 비슷한 길을 걸어온 사람이다.

난세에 영웅이 나듯, 때(시기)를 잘 잡은 사람들이다.

단돈 1만 달러로 식당을 창업했던 그런 팜 회장이 불과 30년도 안 된 사이에 베트남 최고 부자로 성장했으며, 지금도 상상할 수 없을 속도로 무섭게 질주하고 있다. 가히 그 끝을 가늠할 수가 없을 정도다.

그렇다면 빈그룹 창업주 팜은 어떤 사람인지 알아보자.

그는 1968년 하노이에서 출생했다. 그의 아버지는 공군 군인이었다. 월남전 승리로 군인가족들이 어느 정도 보상을 받았으므로 자녀들 교육에는 별 어려움이 없었다.

러시아 대학에서 유학중이던 팜은 구소련의 붕괴와 자본주의 물결을 보고, 1993년 우크라이나에 1만 달러를 들여 베트남식당 테크노컴을 창업했다(이게 원조 빈그룹이다). 베트남에서 면 뽑는 기계를 들여와 즉석라면으로 입소문이 나면서 '라면 왕'으로 이름을 떨쳤다.

　팜은 2009년 테크노컴을 1,600억 원에 팔아 거금을 손에 쥐었다. 베트남의 아름다운 해변의 가치를 알아본 그는 아무것도 없는 나라, 혼란 속의 나라에도 기회가 있다는 걸 간파했다. 그런 팜은 즉시 본국으로 돌아와 리조트와 호텔사업을 시작했다.

　하늘이 준 타이밍. 2008년 그는 세계금융위기로 정부를 비롯하여 모두가 쓰러지고 휘청거릴 때 집중적으로 인맥 형성을 하면서 고성장하는 산업과 땅에 모든 걸 쏟아 부었다. 그리고 2013년부터 본격적으로 부동산 개발사업이 두각을 나타내면서 단시일 만에 베트남 1등 기업인 지금의 빈그룹이 되었다.

　참고로 베트남 식품기업 '마산그룹' 창업주(응우옌) 또한 팜과 비슷한 시기에 러시아 대학 유학 후, 러시아에서 라면가게를 창업하여 그 종자돈을 가지고 2001년 고국 베트남으로 돌아와 식품회사를 만들어 지금의 대기업이 되었다.

　그 시절 우리나라 유학은 영어권으로 갔고, 베트남 학생은 주로 프랑스와 러시아로 많이 갔다.

현재 빈그룹이 베트남 전역에서 펼치고 있는 사업은 빈펄리조트, 호텔레저사업, 빈홈아파트, 빈콤리테일(마트, 편의점), 빈멕국제병원, 의료사업, 빈스쿨 학교, 빈스마트 폰 생산, 빈패스트, 자동차 생산 등이다. 이와 함께 빈그룹의 야심작 호찌민 랜드마크인 빈홈센트럴파크 81층이 내년에 완공 예정이다. 이렇듯 빈그룹이 하고 있는 사업체 숫자는 헤아릴 수 없고, 규모 또한 어마어마하다.

빈그룹의 주 타깃은 베트남 고소득층의 라이프스타일에 맞춰져 있다.

이 사람의 성공 요인을 보면 대략 아래와 같이 요약된다.

1. 때(시기) : 팜이 조국 베트남에 들어올 무렵 베트남이 본격적으로 산업발전의 용트림이 시작됐고, 인구는 많은데 제대로 된 게 아무것도 없는 나라였다. 때마침 금융위기까지 닥쳐 나라가 어려운 시기(우리나라 재벌들 또한 똑같은 때를 잘 잡은 사람들)였다.

2. 인맥 : 10년 전 베트남은 금융위기로 잠시 휘청할 때인데, 공

산국가 특성상 돈 + 인맥이면, 별도 따고, 땅도 딴다.

3. **돈** : 우크라이나에서 16년 동안 알차게 번 돈 1,600억 원으로 절묘한 시기에 든든한 실세 지원군을 얻어 무엇이든 할 수 있는 무한대의 땅 확보와 급성장하는 산업에 베팅(한나라를 세운 유방처럼 혼자 못함)

4. **천혜의 자연** : 베트남은 바다의 나라다. 가는 곳마다 빼어난 자연과 멋진 해변이 있어 휴양, 리조트레저사업하기가 천국인 곳이다.

결론적으로 시기로 보면 베트남이 맞다.
그리고 팜처럼 영웅이 되고 싶다면 지금 미얀마로 가는 게 맞다.
또한 가공되지 않은 원석을 찾는다면 캄보디아일 것이다.
화려한 자영업시대는 이제 시작이다.

차길제 소장이 전하는
장사와 투자 이야기

정말 열심히 살아온 우리국민.

누가 2% 성장도 못하는 나라로 만들고 있나. 필자의 눈에 보이는 지금 대한민국 경제는 창업도, 투자도, 희망불능상태다.

여러분도 알다시피 미·중 패권 경제전쟁과 일본과의 정치적인 이해관계 등으로 우리에게는 대내외 악재 종합세트가 다가온다.

시장은 활력을 잃고 재정 악화와 기업의 침몰로 우리나라 경제는 모든 것이 거꾸로 가고 있다.

무한경쟁시대에 자국 보호 정책이 최우선인 세상에서 현재 우리나라는 개인 부채가 사상 최고이며, 경제는 20년 불황의 길로 접어들었다. 일본의 전철을 밟고 있는 것이다.

많은 경제 전문가들이 "한국은 머지않아 금융 또는 경제위기가 다시 올 수 있다"고 예측하고 있는데 실제로 조짐이 그렇게 돌아가고 있다.

우리나라는 이제 사업하기 힘든 나라가 되었고, 부동산과 주식도 상당기간 어려울 거라고 걱정들이다. 그렇다면 어떻게 하면 리스크 없이 살아남고, 새로운 시장인 베트남과 미얀마를 공략할 것인가. 매의 눈으로 파헤쳐 보는 예측이다.

생각을 바꾸면 또 다른 세상이 보인다.

현재 베트남은 자영업하기 가장 좋은 '때'에 와 있고 투자 매력도 크다. 이는 각종 매스컴과 방송을 통해서 수도 없이 보도되어 알고 있는 사실이다.

남방의 별, 신남방정책 등 기업과 정부도 이렇게 베트남을 부르고 있다. 현재 베트남은 이런 나라다.

고속질주하는 베트남이 펄펄 끓는 세계의 공장으로 변하고 있다. 베트남 주요 산업단지 임대료가 천정부지로 치솟고, 여행과 비즈니스로 가는 한국인만 한 해 500만 명, 중국과 일본, 싱가포르, 미국까지. 이제 베트남은 돈과 사람, 기업도 가려서 받기 시작했다.

필자의 장점은 시장을 보는 눈과 수많은 실전 경험에서 나오는 앞을 보는 정확한 직관이다. 창업 구상과 아이템 개발, 상가입지 분석, 부동산과 주식투자 30년 경험자로서 베트남과 미얀마를 3년에 걸쳐 직접 구석구석 현장을 답사하면서 보고, 듣고, 느낀 점을 그대로 정리해 본다.

참고로 솔직하게 털어놓는다면 필자는 정확한 숫자와 지표를 말하는 교수나 경제학자가 아니다. 그리고 그것을 깊이 따지지도 않는다. '장사 프로'인 필자에게는 지금 이곳이 투자와 장사할 만한 곳인지, 어떠한 업종을 하면 많은 돈을 벌고 그 돈을 어디에 투자해야 대박을 만들어 낼 것인가 하는 쪽으로는 점쟁이보다 더 정확하게 찾아내는 '미친 끼'가 있다.

이 책 제목이 《달리는 베트남 · 미얀마에 나를 세워라》인데, 이는 달리는 말에 올라타라는 뜻이고, 베트남과 미얀마 그 중심에 나 자신이 주인공이 되라는 뜻이기도 하다.

각자도생(각자 살 길을 찾아야 하는 시대). 지금 이 나라들은 아마 한 번도 경험하지 못한 나라로 가고 있는지도 모른다.

급속한 최저임금 인상, 노동시간 단축, 친노조 반기업정책, 일자리 파괴, 성장 동력 쇠퇴, 중산층과 자영업자의 몰락, 자산가치 폭락 등 기업과 부자들이 가장 꺼리는 국내 정치 발 불확실성이 쌓여가고 경기의 패러다임 자체가 바뀌고 있다. 불확실성이 점점 높아지는 이때는 대한민국 시장 자체를 다르게 봐야 한다.

그래서 돈 있는 사람들은 금과 달러를 사 모으고, 한국을 떠나는 사람이 늘고 있다. 어쩌면 현재 대한민국 국민 대부분이 뭔가 불안한 시대에 살고 있다고 해도 과언이 아니다.

아무리 생각해 보고 돌아보아도 장사할 것도, 투자할 곳도, 믿음이 가는 곳도 보이질 않는다. 눈에 보이는 것은 어느 분야나 리스크만 크게 보이고 사람들 또한 믿음이 안 가는 시대로, 좋았던 시절은 저 멀리 가고 있다.

부동산과 기업을 가지고 있어도 불안하고, 돈을 가지고 있어도 불안하다.

획기적인 아이템이 있어도 막상 도전이라는 문을 두드려 보면 사람과 복잡한 제도에 주저앉게 되고, 준비 과정에서 '포기'라는 답을 내리게 된다. 그래서 사람들이 장사하는 걸 겁내고 하던 가게도 접다보니 빈 가게가 속출하고 있는 것이다. 지방 혁신도시 상업건물들은 지금, 거대한 유령무덤으로 변해가고 있다.

사실 2013년 이후부터 얼마 전까지 집값, 땅값이 너무 많이 올랐다. 보통사람들 배 아플 정도로. 아마 지금도 부동산을 사서 재테크 환상에 젖어 있다면 언제 터질지 모르는 폭탄 하나 안고 산다고 각오해야 하지 않을까.

그동안 필자의 제자 중 부동산과 주식, 장사 애널리스트도 있지만, 경제TV를 보면 지금도 여전히 그 주식과 그 부동산을 사라고 부추긴다. 그게 직업이니까.

창업을 한다는 건 정말 고민도 많이 하고 준비시간도 많이 걸린다.

투자금도 수천에서 수억 원까지 투자해야 하고, 온 가족이 그 고생과 위험부담을 감수하고, 잠 덜자고, 놀 거 못 놀고, 그렇게 시작하는 자영업의 몰락을 보면서, '알바'보다도 못하다는 통계가 나온다니 정말 눈물이 난다.

앞으로 자영업 가운데 2차적으로 문제가 생길 곳은 커피숍과 베이커리 등이라고 생각한다. 이게 뭐기에 그렇게 많이 생기나. 정말 큰일 날 사업이 바로 이 장사다.

그리고 부동산 쪽을 보면 더 기가 막힐 일은 빌라, 타운하우스, 전원주택 등이 몇 년 사이 전국에 그 숫자를 헤아릴 수 없을 정도로 많이 지어졌다.

이거, 어떻게 하나? 한동안 이 쪽 투자한 사람들의 곡소리가 들릴 듯하다.

또 다른 곳은 상가건물 및 상가분양을 받은 사람들로 잠 못 드는 밤이 많을 것이다. 그래서 대가들은 세상 사람들이 다 아는 곳은 끝물이요 파장이라고 말한다.

그렇다면 자영업 황금기와 투자하기 좋았던 때가 언제였는지 한 번 살펴보고 가자.

일본은 1964년 도쿄올림픽 전후 1970년대 초호황을 누렸고, 한국은 1980년대 중반 3저 호황(저달러, 저유가, 저금리)으로 88년 서울올림픽 전후 20년간 자영업과 투자 재테크 천국이었다. 중국은 2008년 베이징올림픽 전후부터 현재까지다.

베트남은 2015년 외국인 투자법 개정 이후 매년 폭발적으로 고성장 중이며, 기업, 부동산, 주식, 자영업 등 세계 최고 내수 황금기가 진행 중이다. 하노이 · 호찌민은 매년 30만 가구씩 인구가 늘어나는데 새 주택 공급은 3~4만 호뿐이다.

'미소의 나라' 미얀마.

미얀마는 50년간 닫혔던 문을 열고 이제 세상 밖으로 나와 외부 사람들에게 미소를 보내는 나라다.

2011~2013년 외국인에게 개방한 이후 일본과 중국, 싱가포르 등이 무차별적인 투자로 공을 들이면서 '제2의 베트남'으로 주목받고 있는 '황금의 나라'다. 석유를 비롯하여 자원보국으로 앞으로도 상당기간 먹을 게 많은 '기회의 천국'이다.

도시환경은 아직 미비하지만 기업유치와 인프라분야, 건설, 부동산투자, 개인사업 진출이 이제 막 시작되었다. '장사꾼' 눈에 이 시장은 진짜 가슴 뛰게 하는 나라다.

무엇 하나 제대로 된 게 없고, 한 달 월급이 20만 원만 주면 된다니, 이게 뭔가. 너무 좋아 속으로 웃는다. 우리나라 노동자와 확연히 비교가 된다.

용기 있는 젊은이들이여! 여기에 모든 걸 걸어라.

처음 고생은 되겠지만 분명히 축복은 당신 것이 된다.

2019년 10월

차길제

/ 차례 Contents

STEP 3. 베트남 시장 환경 분석

STEP 4. 미소의 나라 미얀마편

베트남·미얀마
투자 세미나 요점 정리

많은 사람들이 베트남 · 미얀마의 부동산과 주식에 관심이 많다.
핫한 질문들을 정리해 본다.

01

베트남·미얀마 부동산투자 전망

첫 번째 질문 : 외국인이 베트남과 미얀마의 부동산을 소유할 수 있나?

베트남은 2015년 7월 외국인에게 부동산과 주식을 일부 개방했는데 토지는 살 수 없고(투자법인은 장기임대), 아파트는 30% 이내에서 자유로이 사고팔고 임대도 된다. 돈은 해외부동산 취득신고서를 제출하고 은행을 통하여 보내고 받을 수 있다.

• 미얀마는 외국인에게 허용된 고급 아파트 일부만 분양받을 수 있다.

두 번째 질문 : 요즘 베트남과 미얀마의 부동산 분위기와 시세는?

수 년 전부터 계속 좋았는데 우리나라 폭등기 때처럼 5~6년 사이 땅값은 10배 이상 올랐고, 아파트는 그렇게 많이 오른 것이 없다. 1년 전에 비해 호찌민 도심 30평대 아파트는 1억 원, 하노이는 5천만 원이 올랐다. 분양가 대비 1년에 15~20% 오른 셈이다. 분양권은 100% 오른 곳도 있다.

- 미얀마는 고급 아파트 수요는 많은데 공급이 부족하여 더 비싸고 임대가는 우리의 강남만큼이나 비싸다.

세 번째 질문 : 그렇게 지속적으로 많이 올랐는데 지금 사도 되나?

전혀 늦지 않았다. 지속적인 경기호황에 도시로 인구 유입이 폭발적으로 늘고 있고, 현재 도시 인구는 35% 수준에 불과하다. 여기에 외국인 투자도 지속적으로 증가하고 있어 우리나라 부동산 40년을 비교해 보면 이 나라는 상승 초기로 본다. 그동안 너무 많이 올라서 한 번은 쉬어 갈 수 있다. 그 다음은 대 폭등기가 온다고 보고 있다.

네 번째 질문 : 세금 문제는 어떠한가?

아파트 구입비용은 관련 항목 모두 포함해서 분양가의 12%대에 들어간다. 매도 시 양도세는 없고, 금액에서 2%만 내면 끝. 문제는 국내 양도세가 기간과 금액에 따라 약간 차이는 있지만 보통

35% 정도 부과되고, 관할세무서에 신고해야 한다.

다섯 번째 질문 : 미얀마 투자 전망은 어떠한가?

이 나라는 경제 성장률이 8%대로 세계 최고다. 글로벌 투자금이 쏟아져 들어오고 있다. 장기적으로 볼 때 확실한 '기회의 땅'으로 본다.

여섯 번째 질문 : 거주증을 받을 수 있나?

아파트 소유 권리증, 즉 핑크북(등기권리증)이 나오는 아파트를 분양받으면 당연히 거주증을 받을 수 있다. 단, 여기에는 브랜드 아파트를 분양받아야 하고, 핑크북이 개인에게 나오는지 먼저 잘 살펴보고 구입해야 한다.

02

베트남 주식투자 전망

베트남 주식투자는 국내 증권사에 가서 해외주식 계좌를 개설한 후, 베트남 동으로 환전하여 거래하면 된다. 직접 베트남 증권회사에 가서 계좌를 개설하여 거래할 수도 있다.

첫 번째 질문 : 지금 베트남 주식은 어디쯤 와 있으며, 장기적으로 어떻게 보나?

베트남 주식투자는 장기적으로 볼 때 자신의 노후와 자녀들을 위해 지금 투자의 씨앗을 뿌리기 좋은 나라다. 나열해 보면 인구가 1억 명이며, 넓은 땅과 석유와 자원이 많은 나라다. 그리고 세계의 공장으로 변해가고 있으며, 한국 기업만 7,000개 이상 진출해 있다. 한동안 리스크가 없는 나라이고, 30세 미만의 풍부한 젊은 노동력으로 미래가 밝은 나라다.

- 국내 증권사를 통하여 베트남 주식 매도 시 수익에서 양도세 22%를 내야 한다. 현지 직접 거래는 세금이 없다.

두 번째 질문 : 장기 유망 기업과 종목은?

베트남 부동산이 수년째 올라왔기 때문에 머지않아 부동산은 일시하락 충격이 올 것이다. 그 틈을 타 주식시장에 유동성 장세가 온다. 우리나라가 그러했고 중국도 부동산이 꺾일 때 주식이 폭등했다. 유동성 장세가 온다면, 트로이카(건설, 증권과 은행, 보험)가 대박 조짐이 있다. 건설은 빈그룹, 빈홈, 증권은 사이공증권 등, 은행은 HDB개발은행 등, 보험은 바오비엣홀딩스, IT통신은 에프피티, CMC코퍼레이션, 필수소비재로는 비나밀크, 마산그룹 등이다. 베트남은 통신이 한동안 성장한다. 에프피티, CMC 등이 좋고, 비나밀크는 유제품 강자다. 호야팟그룹은 우리나라 포철과 같은 기업이다. 참고로 베트남 주식투자는 우량주를 사서 5년에서 15년까지 장기로 묻어둬야 아파트 한 채라도 생긴다. 필자도 2년 전부터 지속적으로 사 모으고 있다. 10년 후 필자의 노후 자금은 여기서 나온다.

03

필자가 10년 후까지 보는 이유와
전문가가 보는 견해는?

기업들이 한국을 떠난다. 질주하는 베트남으로……

미·중 무역전쟁 등으로 베트남 경제는 고속성장을 이어가고 있다. 올해 3분기 7.3% 성장, 제조업 성장률은 11%에 달하고, 건설, 서비스는 9%대. 베트남 경제가 이처럼 잘 나가는 이유는 중국의 생산기지를 대체하고 있기 때문이다. 미·중 무역전쟁에다 중국의 인건비가 오르면서 중국 내 공장이 베트남으로 대거 이전하고 있는 것이다. 베트남은 중국과 국경을 맞대고 있어 각 기업이 기존 운송망을 쓰면서 중국의 대체 생산기지 역할을 하기 용이한 국가다.

베트남 경제 성장률이 향후 10년간 6~7% 수준을 유지할 것이라는 관측도 나왔다. 이 정도 경제 성장률을 유지하면 베트남 경제 규모는 10년 내 싱가포르를 추월할 것이다. 경제 성장에 우호적인 인구 역학, 생산성이 뛰어난 노동력이 대폭 개선된 인프라, 안정적인 정치 환경 등으로 글로벌 자금이 유입되면서 베트남 경제 성장 탄력이 유지되기 때문이다.

지금 글로벌 투자자들이 베트남 스토리의 일부가 되기 위해 줄지어 서 있다. 올해 중국과 홍콩으로부터 베트남으로 유입된 막대한 외국인 직접 투자가 그 시작인데, 일본도 도로와 지하철, 자동차 산업에 대규모 투자를 하고 있다.

베트남에도 '홍강의 기적'이 온다. 우리나라 '한강의 기적'처럼 베트남도 홍강의 기적이 멀지 않았다. 세계에서 경제 성장 속도가 가장 빠른 나라, 성장 동력을 갖추고, 젊고, 역동적인 나라 베트남은 1억 명에 가까운 인구 중 평균 나이 31세다. 지금도 연간 100만 명 이상의 인구가 늘어나고 있는 이 나라는 교육열 또한 높으며, 국민들의 가계소득 증가로 소비시장이 크게 성장하고 있다.

베트남의 강점은 풍부한 노동력과 낮은 임금을 겨냥한 외국인 투자자금의 유입이다. 그런 반면 아직 인구의 60% 이상이 은행 계좌가 없고, 상거래의 90% 이상이 현금으로 결제가 이루어진다.

필자가 걸어온 길

꼬불꼬불 비포장 길을 달려온 지난날을 뒤돌아보니, 옹이진 필자의 삶이 비단결같이 더 아름답다.

17세에 산골에서 상경한 필자가 21세에 첫 창업을 한 이래 최근까지 했던 사업의 내용과 그 결과를 요약하면 다음과 같다.

21세 때 성동구 자양동에서 지물포 창업(성공) → 구의동 성동구청 건너편으로 지물포 확장 이전, 구의시장 앞과 구의동 입구에 지물 3, 4호 연속 오픈(성공) → 성수역 주변에서 당구장 창업(실패) → 방배동에서 지물포 창업(실패) → 대구 성당주공아파트 앞에서 지물커튼 창업(평년작) → 석계역에서 이발관 경영(실패) → 태릉 묵동시장 내 과일가게 창업(실패) → 쌍문동 커튼가게 창업(기회) → 광명시 철산리 지물커튼 가게 창업(기회) → 구로상가 칠 가게 창업(기회) → 이동부동산 창업(성공 후 실패) → 대림 역세권 도배학원 창업(大성공) → 구로, 대구, 부산 등 4곳 도배학원 연속 창업(대박) → 학원사업으로 번 돈 몽땅 주식으로 날림(쪽박) → 산수화, 인물화 등 그림 학원 창업(실패) → 소품 부업 교육 창업(실패) → 구로 주공에서 정육점 창업(실패) → 일산신도시 횟집 창업(大성공) → 주엽 역세권 냉면집 창업(성공) → 일산에서 설렁탕 & 해장국집 1, 2, 3호 연속 창업(大성공) → 고양 화정 횟집 창업(기본) → 김포한강신도시 초입 비빔밥집 창업(실패) → 파주 통일동산 두부집 창업(大성공) → 서귀포 남원 곰탕집 창업(실패) → 경남 사천 면천국 오픈 실패(큰 손실) → 김포 양촌 막국수 창업(포기, 손실) → 덕이동 닭시래기국 & 국수집 → 밥사랑식당학교(외식사업연구소) → 연천 통일성(통일빵) 카페 → 현재 베트남 · 미얀마 창업투자연구소

베트남 핵심지역편

01

경제 중심 도시 '호찌민'

호찌민의 옛 이름은 월남(사이공)으로, 우리나라 70대 남자들에겐 깊은 애정이 있는 도시다. 필자 또한 북부 쪽 하노이보다 남부 쪽 호찌민에 솔직히 정이 더 간다.

호찌민은 겨울에 가면 따뜻해서 좋다. 그런데 장기적으로 있어 보면 너무 덥다. 그리고 한국에서 가는 길이 멀다.

호찌민에 도착하여 오토바이 행렬을 보고 있으면 열정이 생긴다. 가는 곳마다 너무 복잡하다. 우리처럼 아파트가 많고 사람이 넘쳐난다. 첫 느낌은 이렇게 요약할 수 있다.

어떤 사람은 호찌민 인구를 1,300만 명, 누구는 800만 명이라 한다. 그 차이를 가늠하기 어려운데, 대략적으로 1,100만 명으로 추산한다. 이 말은 호찌민으로 유입되는 인구가 많다는 것이다. 출세하려면 호찌민으로 가라.

우리 교민이 많이 사는 푸미흥도 어떤 분은 7만~20만 명이라 하는데, 평균을 내보면 어림잡아 12만 명 정도이다. 이동 수단은 그랩과 비나선택시만 이용한다.

호찌민 사람들은 한국사람들에게 상당히 호의적이고, 친절하다. 깊이 들어가 보면 같은 감정을 가지고 있다. 좀 더 멀고 날씨도 더운 곳이지만 대한민국 사람들 정서에 딱 맞다.

실제 필자만 그렇게 보는 게 아니라 호찌민을 5일 정도만 다녀보면 한국사람들이 엄청 많다는 걸 느끼게 된다.

금년 초 필자가 호찌민에 있을 때 화장실을 찾아 시내의 높은 오피스텔 5층, 6층 여기저기를 다니다 보니 3층에도 한국인 사무소, 5층에도 한국 회사, 또 6층에도 한국인 회사가 있는 것을 보았다. 시내 1군에서 7군까지 웬만한 건물과 마트, 쇼핑센터에서 한국인이 장사를 하고 있는 걸 쉽게 볼 수 있었고, 관광객 또한 무더기로 다닌다.

그만큼 호찌민엔 한국사람이 폭발적으로 늘고 있다. 어떤 곳은 여기가 한국이야, 베트남이야 하는 사람이 있을 정도다.

여기에 롯데마트, 신한은행, ○○증권 등 우리가 잘 아는 브랜드가 곳곳에 있고, 택시기사들이나 재래시장, 쇼핑센터에 가서 상인들과 얘기를 나눠보면 간단한 한국말을 하는 사람들도 많다. 대학에서 한국어 열풍이 불어 한국어과를 나온 베트남 젊은이들이 통역이나 한국 기업에 들어가기 위해 많은 사람이 '열공' 중이다. 베트남 전역에 한국어 사설학원만 수천 개다. 이들이 한국어만 어느 정도 하게 되면 현지 노동자 임금의 2~3배를 받을 수 있다고 한다.

숙소 잡기도 쉽다. 5성급 호텔이 5~10만 원 정도에 잘 수 있고, 한 블록 뒤로 가보면 적당한 호텔방이 3~4만 원 그리고 호텔에서 한 달 살기를 해도 50만 원 정도다. 원룸 얻기도 쉬운데 한인들이 많이 사는 곳엔 한글 임대 간판도 많이 보인다.

새 건물에 풀 옵션이 되어 있는 방만 얻으면 되고, 월 50만 원

선이다. 퀄리티가 떨어지는 방은 약 30만 원 정도이며, 아침식사까지 주는 곳도 있다.

적당한 게스트하우스도 대우가 좋은 곳은 1일 숙박료가 1~2만 원 정도이며, 아침까지 주는 곳도 많다.

식사는 한국인 식당과 일본식당만 안 가면 1끼 2,000원 선. 택시비는 하루 종일 3회 정도 탄다고 해도 8,000원 선이다. 호찌민에서 한 달 살기를 한다면 70만 원에서 200만 원까지이다. 한국인 총각들이라면 친절하고 멋진 아오자이를 입은 어린 아가씨들과의 데이트는 덤이다. 참고로 베트남 아가씨와 결혼하면 사업하기도 쉽고 땅도 살 수 있다.

호찌민과 그 주변 '성'(도, 시)을 돌아보면 아파트 건설현장이 수도 없이 많다. 한국인에게 분양하는 아파트 단지도 많고, 심지어 서울 강남에다 모델하우스 사무소까지 준비하여 홍보하는 곳도 있다. 국내 투자자를 모아 현지답사를 가는 사람도 상당하다. 그런가 하면 개인적으로 다니는 사람들도 있다.

여기에 중국인들도 가세하여 어떤 곳은 싹쓸이하는 단지도 있다는 소문이다. 호찌민 시내 강이 보이는 최고 요지 아파트 32평 정도가 3~5억 원이다. 필자 눈에 실 평수는 20평 정도 아파트 단지가 한국의 고급 아파트와 동일하다고 보면 되고, 엘리베이터 시설에 내부 또한 우리나라에 비해 뒤처지지 않는다. 단지 내 부대시설로는 피트니스센터 등이 있으며, 외부조경도 잘 되어 있다.

여기도 고급 개인 타운하우스는 수십 억 씩 한다는데 분양이 잘 된다.

호찌민에는 벼락부자들이 엄청 많다. 시내를 돌아보면 상가아파트가 많은데 상권이 복잡한 지역에 생기고 가격도 저렴하여 인기가 좋다.

약간 변두리로 갈수록 아파트 분양가격이 싼데, 즉 30평의 경우 시내가 3억 원이면, 변두리는 1억 2천~1억 5천만 원 정도로 반값이다. 분양받을 때 신중하게 알아보고 해야 탈이 없다. 즉, 거주증 (권리증) 핑크북이 나오는지 확인하고 분양받아야 하고, 돈 송금도 정상적으로 해외부동산 취득세관에 신고하고 보내야 한다.

호찌민 혁심지역과 투티엠

로또 추첨보다 뜨거운 호찌민 아파트 분양 현장을 가보니, 베트남 주택 시장이 펄펄 끓고 있다는 것을 느꼈다.

투티엠에 들어서는 고급 주상복합아파트 더 메트로폴 456세대인데 분양받기 위해 아침부터 긴 줄이 서 있다. 베트남인부터 일본, 미국, 한국사람 등이다. 분양가는 평당 1,800~3,300만 원으로, 총금액 5억에서 15억 원까지이다. 투티엠은 '호찌민의 강남'으로 불린다.

호찌민과 하노이는 주택 수요가 많은데 공급이 태부족이다. 외국인 수요와 우리나라 개인 투자자들이 그룹으로 찾는다.

GS건설은 나베신도시와 투티엠, 롯데자산개발은 투티엠 업무시설 등의 공사를 하고 있다. 천지가 개벽했다는 중국의 푸동이 있다면 베트남에는 투티엠이 있다.

필자의 방 서재 벽면에 한가득 베트남 지도와 정보들이 붙어 있다.

"베트남이 중국 발 금융위기(지금 중국은 기업은 빠져나가고, 도시 주변은 온통 빈 아파트 천국. 이게 금융부실화)라도 와서 우리나라의 2008년 금융위기 때처럼 일시적으로 부동산이 폭락하면 투티엠지역 아파트를 무조건 매수하라."

지인들에게도 그렇게 설명하고 있다. 이곳은 그만큼 탐나는 지역이다. 현재 평당 가격은 2,000~3,500만 원대. 앞으로 필자의 예상은 5~6년 안에 평당 5천만 원 이상으로 본다.

서울을 보자. 강남 일부와 한남동 일대 아파트 가격이 계속해서 올라만 가고, 현재 상상을 초월할 정도로 비싼 아파트단지가 되어 있다. 비단 우리나라뿐만 아니다. 홍콩, 싱가포르 등의 나라들도 최고 요지 입지 좋은 아파트 가격은 그 희소가치로 올라만 간다.

호찌민 전체 지도를 놓고 보면 현재 천만 시민이 사는 도시치고 는 너무나 믿기 어려울 정도로 협소하다. 현재 1군에서 12군까지 어느 곳에 투자를 해도 시간이 지나면 수익은 분명히 난다. 우리 나라처럼 외국인 개인이 땅을 살 수 있다면 로또보다 몇 배는 더 대박을 칠 수 있는 곳이 쉽게 보인다.

총각들이여! 베트남 아가씨랑 빨리 결혼하여 변두리 싼 구릉지 땅에 3천만 원만 투자하면, 10년~15년 후 100억 원대의 시세차익이 가능하다.

2030년 후부터는 그 많은 도시 오토바이들이 도심에서 사라지게 될 것이다. 지금은 호찌민 노동자들이 먹고 살기 위해 초시내권에서 주거와 일터를 오고가지만 머지않아 오토바이 시대에서 자동차 시대로 넘어가게 된다. 그렇게 되면 도시가 지금의 몇 배는 더 넓어진다. 그래서 베트남 아내를 얻어 변두리 큰 땅을 사라는 것이다.

호찌민에서의 개인 사업은 어떨까?

베트남이 못사는 나라, 국민소득이 3,000달러 이하라고 얕잡아보는 사람이 있는데 현실은 아니다. 도시마다의 생활수준이 이미 6,000달러 이상이라고 봐야 하고, 중산층이 빠르게 생기면서 씀씀이가 장난이 아니다. 이런 현실을 볼 때 지금이 자영업하기 딱 좋은 시기라고 본다. 우선 도시가 정신없을 정도로 활력이 넘치고, 해외 비즈니스 자금이 물밀 듯이 들어오고 있다. 시골에서 청년들이 도시로 몰려들다보니 인건비가 아직은 저렴하고 재료값도 싸다.

주고받는 돈은 현금이다. 어디를 가나 북새통이다. 아마 장사를 조금 할 줄 아는 사람들은 돈을 갈퀴로 긁는다고 보면 된다. 일부 우리 교민들은 1천만 호찌민 국민을 상대로 장사를 해야 하는데 엉뚱하게 한국인들 십만여 명이 있는 곳에서 박 터지게 한국사람끼리 치열한 싸움을 한다. 어찌 보면 미친 짓이고, 뭔가 잘못된 장사 선택이다. 어차피 베트남에 가서 장사하여 성공을 목표로 뛰어들었다면 100% 베트남 현지 사람을 상대로 하는 콘셉트를 잡아야 한다. 한국 손님은 그냥 덤이다.

경영의 본질은 상대방의 마음을 사로잡는 것이라 했는데, 즉 베트남사람의 마음을 사로잡으러 갔지, 남의 나라까지 가서 한국사람끼리 박 터지게 전쟁을 벌이는 건 뭘까. 또 한인 가게들은 왜 그리 비싸게 받나. 무엇이든 한인 가게는 다 비싸다. 호텔도 한국인이 운영하는 곳은 로컬보다 비싸다.

베트남 부유층 자녀들이 한국식당이 너무 비싸서 식당가는 걸 꺼린다는 말이 있다. 식재료는 똑같이 싸게 구입하고, 인건비도 똑같이 들어가는데 유독 한인식당만 비싸다. 결론은 단기로 승부를 내려고 뒤를 생각하지 않기 때문이다.

자영업은 '마음사업'이라 단기에 내 맘대로 해서는 절대로 안 된다. 느긋하게 신나는 장사를 해야 손님이 춤을 춘다.

호찌민이 어떻게 짜여 있는지 살펴보자

호찌민은 사람과 기업이 모여드는 경제도시이고, 투자와 장사의
도시다.

(참고 : 군은 행정단위로 우리나라 '구'에 해당)

1군 : 호찌민의 중심지다. 관광지가 여기 몰려있고 유명한 벤탄
시장, 사이공스퀘어, 브이비엔거리, 금융센터, 은행, 증권, 호찌민
광장과 호텔, 지하철 1호선까지. 사이공 강 우측 지역이다. 글로
벌기업 본사가 집중적으로 이 지역에 있다.

달리는 베트남 · 미얀마에 나를 세워라

2군 : 지금 호찌민에서 최고 핫한 지역이고, 미래가치가 높은 투티엠지역이다. 타오디엔에는 외국인 학교가 여러 개 있고 한국 기업이 짓는 신도시 아파트 현장이 여기 있다. 한국인도 여기 많이 산다. 대형쇼핑몰과 전철 1, 2호선이 여기를 지나기 때문에 앞으로 역세권 개발이 활발할 것이다.

3군 : 1군 바로 옆에 붙어 있고, 전형적인 고급 부촌지역. 고급 빌라와 일본 · 중국 · 독일 · 태국 영사관, 사이공역, 전쟁박물관 등이 있다.

4군 : 1군과 7군 중간에 있다. 현재는 베트남 서민들이 많이 몰려 사는 지역이지만, 사이공 강과 붙어 있어 입지가 좋아 고급 아파트가 집중적으로 들어오고 있다. 호찌민 대표 관광거리인 즈엉짠 형다오거리가 여기에 있다.

5군 : 쇼핑센터와 대학종합병원, 차이나타운 등이 있는 인구 밀집지역이다. 베트남 현지인 상대로 하는 장사는 이런 지역이 유망하다.

6군 : 관광지로 많이 알려진 곳이지만 지대가 낮아 침수 지대다. 이런 지역도 차후 개발이 기대되는 지역이다.

7군 : 한국사람이 모여 사는 푸미흥지역이다. 신도시이며 아파트촌이다. 시내에서 30분 거리로, 한국인 먹을거리 골목과 스카이가든 등 도로가 넓고 쾌적하며 국제학교 등이 있어 생활하기 좋은 곳이다.

8군 : 강을 중심으로 위치한, 아직은 빈민가 달동네. 이런 지역에선 선교와 네트워크 사업, 건자재 사업 등이 유망하다.

9군 : 베트남 1등 기업 빈그룹과 삼성전자, 마이크로소프트, 인텔 등이 있고, 고급 아파트와 수이띠엔테마파크, 터미널 등이 있고, 지하철도 들어온다. 부동산이 잘 돌아가는 지역이고, 지역이 넓은 공단지역이다.

10군 : 부도심으로 봐야 한다. 대학교와 종합병원, 다양한 기관이 이곳에 들어오고 있다. 화교인이 많고, 시원한 빙수거리가 있고, 가구거리도 있다.

11군 : 부도심이지만 아파트 현장이 많고, 롯데마트와 신한은행이 여기에도 있다. 종합경기장과 담센놀이공원이 유명하다.

12군 : 공항 근처 지역으로 아파트 공사가 한창 많은 곳 중 한 곳이다. 그리고 저렴한 집값으로 한국사람들이 많이 거주한다. 노동자 인구가 많은 지역인데 IT기업들이 이곳에 집중적으로 생기고 있다.

그리고 6군과 8군 사이에는 빈떤군지역이 있는데, 대형마트와 영화관이 있고, 사이공 강 따라 먹을거리가 많은 지역이다. 이곳은 랜드마크 빈홈센트럴파크가 있는 지역으로 최고급 아파트 밀집지역이다. 아파트 가격이 비싼 곳이다.

고법군은 떤손냣국제공항 뒤편 지역인데 롯데마트와 이마트가 있는 지역이라 상권이 좋다. 이 지역도 베트남 현지 사람이 많이 사는 지역이다.

떤빈군은 공항 근처로 롯데마트, 수퍼볼 등이 있고, 처음 한인촌이 생긴 지역이다. 아직도 많은 한국사람들이 장사를 하고 있고, 그 일부는 푸미흥으로 옮겨갔다.

투득군은 최대 지하철 역세권이다. 이곳에 상업건물이 집중적으로 생기고 있다.

푸누언군은 3군 지역으로 부유층 고급 주택지인 빌라가 많다. 카페와 술집 등이 생겨나고 있고 다양한 것이 있는 상가지역이다.

02

정치 중심 수도 '하노이'

요즘 하노이 부자들의 관심사는 스타레이크시티다. 시내 중심 호떠이호수 주변, 즉 우리의 여의도 같은 곳에 고급 빌라분양이 한창이다. 최상의 입지에 한 채당 12억 원. 외국인 한정 완판이다. 앞으로 이 지역엔 한국대사관, 삼성R&D센터, CJ, 이마트, 일본 백화점 등이 입주 예정이고, 연차적으로 1만 세대의 아파트가 들어선다.

베트남사람들은 아파트보다 빌라 선호도가 더 높다. 단독으로 살기를 원한다. 지금의 베트남 아파트 시장은 한마디로 거대한 지하경제가 낳은 '미친 가격'이고, 외국인끼리 폭탄 돌리기 판에 가깝다.

　하노이는 베트남 북부에 위치한 베트남의 수도다. 정치 · 문화 · 사회 · 역사의 중심지로 국회와 행정기관이 다 있는 사실상 베트남의 모든 것이 하노이를 중심으로 돌아가고 있다. 베트남의 심장으로 급성장하는 이 도시는 한마디로 대 변신중이다. 인구는 2019년 현재 약 850만 명으로, 호찌민보다 약간 작다. 하노이에서 호찌민까지는 약 1,700km 거리이며, 사계절이 있다. 5월~9월까지는 우기이고, 12월부터 3월까지는 15℃ 이하로 내려가 쌀쌀하다. 봄과 가을은 짧다.

하노이 공항까지는 약 40분이 소요되고, 우리나라에서 베트남으로 가는 비행시간이 제일 짧은 도시이기도 하다. 한마디로 표현하자면 조금은 무거운 도시이긴 하지만 기회가 많은 곳이다.

현재 베트남은 사회주의다. 하지만 사실상 이념의 구분은 사라지고 자유 시장경제로 외국인 누구라도 사업과 투자를 할 수 있는 나라다.

하노이 주변(우리의 경기도권) 여러 도시가 '성'으로 이루어져 있고, 중국과 가까워 철도와 해상으로 중국의 물자가 엄청 많이 들어온다.

하노이 반경 100km 이내의 박닌, 빈폭, 박장, 흥옌 등 하노이 북부에 우리나라 기업이 약 2,800여 개나 자리 잡고 있다. 여기에 15만여 명의 우리 교민도 거주한다. 한국 여행자들이 많이 찾는 곳 중 한 곳이 호찌민 묘역이 있는 호안끼엠호수 중심 업무지구 주변이다. 이곳은 숙소도 많고, 한국식당도 많다.

여기 못지않게 하노이 교민들이 많이 모여 사는 곳은 미딩송다 지역이다. 하노이 한인타운 지역인 이 지역에 한국인들이 많이 모여 살고 있는데 집값이 비싸다. 그 이유는 외국인 학교가 있어 이쪽으로 모여들기 때문이다. 미딩 1~2지구 모두 멋진 고급 주택이 많고, 완공 직전의 주택들은 더 고급스럽다. 지금도 비싼 아파트를 이 지역 여러 곳에서 분양하고 있다.

참고로 이것 하나 알고 넘어가자. 베트남 아파트 투자는 취득세,

보유세, 양도세는 아주 미미하지만, 우리나라에서 내야 할 양도세가 비싸다는 점이다.

미딩 한인타운은 갈 때마다 느끼는 것이지만 한국인 부동산이 많다는 점이다. 아마 수십 개는 될 듯하다. 그래서 이 지역 아파트 매매가와 임대가가 비싸다.

상가임대도 이 지역 주변을 찾으면 아마 상상을 초월할 정도로 비싸다. 한국처럼 많은 권리금까지 요구하기 때문에 현재 한인가게들이 많이 나와 있다. 물론 이 지역을 선택하는 동기는 마음 편한 면도 있다. 같은 한국인이 있다는 게 심리적으로 안정을 준다. 그러나 사업을 좀 더 냉정하게 생각해야 하고, 어려워도 로컬 지역을 선택하는 것이 잠시 힘들어도 빨리 베트남을 알게 되고, 성공으로 가는 길 또한 확실히 빠르다.

필자는 장사에 관심이 많아서 그러한지 한국과 베트남 도시 분위기를 많이 비교하게 되는데, 요즘 국내 식당들을 자세히 보면 점심때만 반짝 손님이 있고, 웬만한 가게들은 직원 없이 부부나 가족끼리 하는 가게가 더 많다. 20년 전에는 작은 식당이라도 일하는 사람이 참 많았다. 물론 손님도 많았지만. 요즘은 식사 후 으레 카페를 찾는 분위기다. 한국은 지금 '카페 공화국'이라 불러도 될 만큼 많다. 주말에는 그런대로 되는 듯하지만 평일에는 정말 한심할 정도다.

한국에 비해 하노이는 웬만한 시내 어느 곳이라도 활기차다. 식당이나 카페를 다녀보면 솔직히 눈이 뒤집힌다. 젊은 사람들로 진짜 바글바글하다. 어떤 가게는 마치 전쟁통 같은 분위기다. 많이 부럽다.

또 느끼는 것은 무질서하지만 자유분방한 젊은이들의 열기로 활기찬 거리를 볼 수 있다는 점이다. 이 나라를 지금도 사회주의로만 보고 투자한 돈을 못 찾아오면 어떻게 하나 고민한다면 복잡하게 생각하지 말고 산에 들어가 '자연인'을 하는 게 정답이다.

우리의 남대문시장 같은 하노이 동쑤언시장과 호안끼엠호수에는 금요일 밤에 볼 수 있는 '짝퉁시장'과 야시장이 있다. 이곳엔 먹을거리가 많고, 재래시장은 볼거리가 많다.

우리나라 물가에 익숙한 필자의 눈엔 웬만한 것들이 죄다 헐값으로 여겨진다.

수십 년 동안 서울 변두리에서 강남까지, 그리고 신도시와 지방까지 장사를 해 본 경험자로서 뒤돌아보면 무엇을 하든 '때'가 있었다.

부동산도 대폭등 초기에 올라타야 큰 시세차익을 얻을 수 있다. 7~8년 전 제주도의 땅과 주택 등 부동산시장이 얼마나 급등했는지 재테크에 관심 있는 분들은 다 보았을 것이다. 그 뜨거운 투자의 열풍을……

주식도 30년 넘게 해 보니 큰 장이 올 때만 수익이 나지, 하락장엔 아무리 전문가라 해도 손실만 생긴다. 사업 또한 마찬가지다.

35년 간 여러 장사를 해 보니 돈을 끌어 모을 때가 있고, 아무리 열심히 해도 어려울 때가 있었다. 지금의 대한민국의 사회구조로는 아무리 노력한다 해도 자영업해서 큰 돈 벌기는 어렵다. 사실 대내외적으로 어려운 시기에 정치가 사업하기 더 어려운 나라로 만들고 있는 셈이다.

반대로 지금의 베트남은 자영업하기가 우리나라가 제일 좋았던 때인 1980년대 후반 또는 1990년대로 가는 '비단길'에 와 있다. 이보다 더 좋을 수 없는 시점에 와 있는 것이다.

얼마 전 필자에게 어떤 이가 렌탈사업과 치과 개원, 네트워크사업에 대해 자문을 구했는데, 이제는 모든 분야가 국내는 한계점에

왔고, 새로운 시장으로 진출을 찾고 있구나 싶었다.

하노이에 당신이 찾는 답이 있다

재테크도 '마음 사업'이라 급한 쪽은 무조건 불리하다. 하노이 아파트는 호찌민에 비해 비슷한 평수로 보면 확실히 싸다. 중국인들은 하노이를 더 선호하지만 한국사람들은 압도적으로 호찌민 투자를 선호한다. 하노이 서부쪽으로 신축 아파트가 많은데 못사는 나라라고 얕잡아 본다면 잘못된 생각이다. 하노이 중심권과 우리나라로 따지면 분당 거리의 지역에까지 아파트 공사가 한창이다. 최고급 넓은 평수의 아파트는 수십억씩 하지만 그 수가 많지 않아 중국 큰손들과 현지 부자들에게 먼저 팔리고, 한국사람들은 주로 실 평수 15~25평대를 찾고 있다. 분양가는 1억 2천에서 3억 원 미만이 주류를 이룬다.

필자가 여러 현장을 답사해 본 결과 2억 원대 전후를 많이 선호하고, 분양도 잘 이루어진다고 한다. 이 시점에 과연 이 나라에 투자하는 게 현명한 선택인지 면밀히 따져 보는 게 순서인 것 같다.

하노이는 호찌민에 비해 아파트 가격이 싼 게 사실이다. 지금은 베트남 정부에서 하노이 도시 인프라에 박차를 가하고 있다. 지하철 8개 노선을 2030년까지 연차적으로 건설하고, 1·2호선을 시범 운행 중이다. 하노이 아파트 투자는 호찌민에 비해 가성비가 좋다. 지금 환경이 몇 년 전 호찌민 1, 2군 때처럼 빠르게 개발 중에 있어 위치만 잘 선택하면 좋은 투자처가 맞다.

투자 유망지역을 살펴보면 역세권을 중심으로 한 시푸차지역은 2호선 라인에, 롯데몰과 학군이 좋고, 미딩송다지역은 신도시로 한인촌이 있어 한국 기업 등의 사무소가 밀집되어 있다.

역세권 주변으로 투자가 유망하다. 떠이모지역은 빈그룹과 삼성 등이 신도시를 만들고 있는데 여기에 4만 5천 세대가 들어온다.

지하철 5 · 6 · 7호선이 지나고, 고속도로가 지나는 길목이라 출퇴근이 편리하다. 이 지역 역세권에 빈홈에서 짓는 아파트에 관심을 가지면 좋다. 최근 중국 투자자들은 인프라가 확정된 지역을 중심으로 지하철 역세권 상업지는 물론 아파트에 집중 투자를 하고 있다.

결론은 베트남에의 투자는 맞지만 큰 규모의 투자는 조심해야 한다. 중국의 경기가 지속적으로 흔들리고 있고, 그동안 하노이도 주택 가격이 너무 올라 거품이 생겼기 때문이다. 게다가 베트남 정부도 '부동산 규제의 칼'을 뺀다는 말도 돈다. 일시적으로 가격이 내릴 수 있고, 쉬어갈 타임이다. 이 점만 잘 판단한다면 장기적으로 보면 큰 수익이 가능하다.

그리고 하노이에 진출하여 장사를 계획한다면 지금이 최적기다. 도시가 본격 확장되고 있는 시점이라 무엇이든 왕성할 때다. 여기에 박항서 감독의 '축구 열풍'을 우리는 십분 활용해야 한다.

시간이 얼마 남지 않았다. 지금 하노이에서 무엇을 할까?

베트남의 성장 동력을 확인했다면, 이제 관망을 넘어 실행해야 할 때다.

유망사업 하나를 추천한다.

베트남 일반 아파트와 빌라는 실내 인테리어를 하지 않은 상태로 분양하므로, 입주자 본인이 직접 집을 꾸며야 한다. 베트남의 인테리어 리빙시장은 이제 본격 시작이다. 갑자기 부자들이 많이 생기면서 집 꾸미기에 경쟁이 심하다. 여기에 대형 쇼핑센터, 사무실, 업소까지 인테리어 시장이 활짝 열린 것이다. 북부 하노이 쪽은 좀 더 일이 많다고 할 수 있다. 이 분야에서 지금 한국의 멋을 보여줄 수 있는 좋은 기회다.

03

인천 같은 항만도시 '하이퐁'

하이퐁은 우리나라로 치면 인천 같은 도시다. 베트남 최대의 큰 항구도시로, 유명한 하롱베이를 가려면 이 지역 인근으로 해서 갈 수 있다.

하이퐁은 베트남의 중요한 항구도시이며 물류 중심 공업단지로, 공장이 아주 많다. 하노이와의 거리는 80km, 약 2시간 정도의 거리다. 이곳은 베트남에서 세 번째로 큰 도시이며, 현재 인구는 250만 명 정도다. 하이퐁은 베트남 북부의 관문으로 중요한 경제 중심 도시이며, 옛날부터 공업지대였다.

하노이 공항에서 하이퐁 시내까지 약 100km 거리이고, 깟비국제공항과 하이퐁국제항만, 베트남해양대 등이 인근에 모두 있다.

특히 하노이에서 하이퐁 고속도로가 완공되어 교통이 원활하며, 대규모 해외 투자유치로 물류 수송 인프라체계가 급격히 좋아져 베트남 최대 상업 항구 도시로 발전하고 있다.

LG휴대폰 공장과 LG이노텍, LG디스플레이는 이곳에 세계 최대의 생산라인을 완공했고, LG화학도 이 지역에 공장을 두고 있다. 베트남 북부 박닌에 삼성이 있다면, LG는 하이퐁에 공장을 두고 있다. 급료는 생산직이 30~50만 원, 대졸 사무직이 약 50~70만 원 선이며, 직급이 높은 사람은 200만 원까지 받는다. 삼성도 이 수준으로 주는데 대우가 좀 더 좋다.

베트남 국민차도 조만간 이곳에서 나온다. 베트남 최대 기업 빈 그룹이 빈패스트라는 이름의 자동차 회사를 하이퐁에 짓고 있기 때문이다. 세계적인 자동차 기술을 보유하고 있는 독일 차와 부품 회사들이 함께 손잡고 우리나라 현대차처럼 시작했다. 현재 베트남은 차량을 수입하고 있고 관세가 높은 편이라 차량가격이 비싸다.

이 항구도시에 오래전부터 중국과 일본, 싱가포르 등이 많은 투자를 하고 있다. 그리고 하이퐁 공단에서 베트남의 필수 소비재가 생산되고 있다. 이 도시는 아직 사회주의 상징인 붉은 깃발이 펄럭이고 있고, 공장지대라서 젊은 사람들이 많아서인지 유치원이 여기저기 많다. 도시로 이어지는 아름다운 긴 다리가 여러 개 있는데 꽤 유명하다.

이 지역은 4성급 이상 고급 호텔은 많이 보이지 않고 싼 호텔이 많다.

하이퐁도 최근 2~3년 동안 부동산값이 많이 올랐는데 LG의 영향도 크다. 이 지역에 분양하는 고급 아파트와 고급 빌라상가주택들이 속속들이 들어서고 있다. 빌라 5층짜리 1채의 가격이 약 7억 원 정도인데, 1개 층이 약 23평 정도 나온다. 입지는 B급 위치, 외국인 개인과 외국인투자법인에게 핑크북(등기권리증)도 나온다. 물론 분양가격을 따져보면 호찌민과 하노이에 비해 많이 저렴한 편이다. 이 도시도 한창 성장하는 도시라서 그런지 곳곳이 공사판이다. 반까오 한인거리와 일본인거리도 주변에 있다.

이 지역의 개인 유망사업은 물류 관련 사무소와 유통사업, 스포츠 관련 사업이 관심을 끈다.

필자가 계절적으로 겨울과 초봄에 베트남 곳곳을 돌아보면서 느낀 점은 '앞으로 한국은 큰일 났다. 내가 갈 길은 어디로 가야 하나?' 하는 걱정이었다. 한국 기업들이 베트남 곳곳으로 소리 없이 옮겨져 가고 있는 걸 눈으로 보니 대한민국의 앞날이 캄캄하게 느껴졌다. 기업이 뛸 수 있게 성장엔진을 달아줘야 하는데 우리는 그렇게 안 한다.

여기에 강성노조, 높은 임금, 노동시간 단축, 많은 세금, 전기까지. 일본과의 정치적인 대립각도 걱정이다. 100년 기업 경방도 베트남으로 이전했다. 사업하는 사람들이 모두 외국으로 가게 만들면 결국 남는 것은 불 꺼지는 공장만 보게 될 듯하다.

필자가 사는 파주 인근 읍 소재지가 여러 곳 있는데 동네 한 바퀴만 돌아보면 불 꺼진 빈 가게들이 많고 활력이라고는 찾아볼 수 없다. 거리에는 적막감과 외국인 노동자와 노인들만 보인다.

새로운 산업도시 마곡지구 상가 공실률 70%…….

얼마 전 원주와 김천 혁신도시 상업지구 내 빈 상가들을 보고 생각이 많았는데 경기도 양주의 옥정신도시 중심 상업지구 내도 건물마다 텅텅 비어 있었다. 이처럼 살아오면서 한 번도 보지 못한 일들이 곳곳에서 벌어지고 있다. 지금의 국내 현실이 이렇게 돌아간다면 베트남·미얀마에 새로운 둥지를 만드는 게 현명한 선택일 것이다.

공단지역인 하이퐁에서의 개인사업은 한국어 교육인력사업이 유망하다. 공장이 많은 지역이라 여러모로 인력사업은 세월이 갈수록 더 좋다. 이와 함께 방이 많은 건물을 통으로 임대하여 원룸 임대사업을 하는 것도 가능하고, 회식 전문 외식업과 디저트 간식 장사도 좋다. 그리고 IT와 홈쇼핑도 유망할 것으로 보인다.

04

삼성 기업도시 '박닌'

　베트남의 박닌 성은 우리가 잘 아는 '삼성도시'다. 삼성 휴대폰 관련 공장이 있고, 글로벌 기업도 많다.

　삼성전자는 박닌에 현재 1공장과 2공장, 호찌민 등에 고용규모만 20만 명이다. 이 지역은 지금 삼성을 비롯하여 한국 기업과 글로벌 기업에 입사하기 위해 베트남 취업준비생들이 치열한 경쟁을 벌이고 있다.

　입지를 보면 베트남과 중국을 연결하는 주요 교통 요충지다. 수도 하노이를 기점으로, 우리로 보면 경기도권의 수원 삼성공장 정도의 위치라고 보면 된다. 하노이에서 하이퐁으로 이어지는 고속도로가 잘 나 있고 비즈니스 본부가 몰려있는 하노이와 중국으로 물류이동이 용이한 지역이다.

하노이 인근에는 박닌, 박장, 홍옌(LG는 이 지역과 하이퐁), 빈 폭, 하이즈엉 등 수십 개의 산업단지에 800개의 첨단 IT기업이 입 주해 있다. 삼성전자를 비롯하여 여타 기업들이 이 지역에 많이 몰려있는데, 입지를 보면 박닌과 타이응웬은 수도 하노이가 50km 내, 노이바이국제공항은 25km, 하이퐁항만이 120km, 중국 국경 이 140km 지점에 있어 항공과 항만으로 화물을 수송하기 좋은 위 치다. 호찌민 가전공장 또한 공항과 항만이 근접해 있다.

박닌은 '베트남 속 작은 한국'이라고 할 정도로 한국사람이 많 다. 즉 한인촌도 많은데 그 중 집단으로 모여 있는 곳이 하노이의 경남랜드마크 주변인 미딩송다지역, 호찌민 7군의 푸미흥지역, 박닌의 보끄엉거리, 박닌 시내의 광장주변 등이다. 이곳에서 많은 사람들을 볼 수 있는데 길 사거리에 서보면 지나는 사람 10명 중 7명은 한국사람이다. 하노이에서 멀지 않은 이 지역은 도시면적 은 작지만 120만 명의 인구에 16개의 공단이 있다.

지역경제 성장률도 1년에 15% 이상 성장하고, 베트남 평균의 2.5배의 소득으로 수준이 높다. 이제 박닌은 경제도시이며, 베트 남에서 가장 젊고 역동적인 도시로 발전하고 있다. 박닌 시내 로 컬 지역을 빼고 보끄엉시장거리와 시계탑 옆으로 한인타운 골목 에는 각종 한국어 간판 가게들이 다양하고, 그 수도 많다.

몇 년 사이 한국인 창업자들이 마음이 편한 이 지역으로 몰리다

보니 이제 경쟁도 치열하다. 예부터 공단주변은 유흥업소가 많이 성행했는데 여기도 일부 한국인들이 야간업소를 운영하고 있다.

투자나 창업도 타이밍이다. 기회가 오면 액션을 취하고, 빠질 땐 미련 없이 던지는 카리스마가 필요하다.

지난번에 박닌 로컬 지역에 4층짜리 주택 1동이 좋은 조건으로 나왔다고 해서 방문해보니 장사 입지가 좋지 않아 포기하고 돌아왔다. 왜냐하면 한국사람끼리 고만고만한 업종으로 제살 깎아먹기식 장사를 하고 있었다. 베트남의 젊은 소비자들이 좋아할 만한 컬러나 한국적인 콘텐츠도 하나 없이 그저 돈벌이에만 열중이었다.

달리는 **베트남·미얀마**에 나를 세워라

이 지역도 진출할 수 있는 황금기가 얼마 남지 않아 더 이상 머뭇거릴 시간이 없다. 중국시장 진출에서 학습한 바처럼 1990년~2000년대까지는 좋았던 중국 자영업시장이 지금은 점점 매력이 없는 시장이 되고 만 것에서 교훈을 얻어야 한다.

박닌 상권은 이미 성숙기에 들어왔기 때문에 새로운 지역을 보는 게 정답이다. 상가 건물과 유통대리점, 호텔사업과 주거 투자는 계속 좋은 지역으로 보인다.

05

관광 상업도시 '다낭'

'다낭'하면 관광 중심 도시이며 한국사람들에게 인기 관광지로 잘 알려져 있는 해안도시다. 베트남 중심부에 위치한 이곳은 우리가 잘 아는 호이안이 30km 남쪽에 있고, 위로는 후에가 자리하고 있다. 인구는 2019년 현재 170만 명 정도로 베트남에서 5번째로 큰 도시다.

다낭은 바다와 볼거리, 먹을거리가 풍부하다. 한국에서 가는 비행기 편이 많고, 비용 또한 저렴하며, 4시간이면 갈 수 있는 거리다. 백사장 길이만 20km에 달하는 이곳은 멋진 관광을 즐길 수 있는 도시로 정평이 나 있다.

한국사람들은 다낭을 유명 관광지로만 생각하지만 경제와 교통,

항구, 철도 중심 도시이며, 정부에서도 '제2의 호찌민'처럼 경제도시로 만들고 있다. 또 긴 해안과 천혜의 바다 조망을 가지고 있어 세계인을 불러들이기 좋은 조건을 가지고 있다. 지금 바다 앞쪽으로는 리조트호텔이 초고층으로 우후죽순처럼 여기저기 올라가는 걸 볼 수 있는데 주변을 돌아보면 아파트 현장 또한 상당히 많이 보인다.

다낭 롯데마트를 평일과 주말에 방문해 보면 다낭이 얼마나 활기가 넘치는 곳인지 바로 느낄 수 있다. 쇼핑 나온 사람들 대부분이 젊은 남녀들이다. 눈에 띄는 것은 아이들을 많이 데리고 나온다는 점이다.

지방에서 다낭으로 이주해 오는 사람들도 많지만, 한국사람도 살고 싶어 하는 도시 중 한 곳이다. 무엇보다 물가가 저렴하고, 한국사람들이 많고, 날씨도 따뜻하다. 다낭에서 제일 큰 한시장은 재래시장이지만 어찌 보면 한국인을 위한 시장처럼 되어 있다. 상인들도 한국말을 잘한다.

또 올드 타운 호이안은 야간에 풍등과 함께 볼거리가 많은 도시다. 이곳은 세계문화유산이면서 베트남 관광의 핫플레이스가 되었다. 사실 2015년 이전의 다낭은 별로 알려지지도 않았고 성장세가 없던 지역이었는데 3~4년 사이 하루가 다르게 폭발적으로 변모하였고, 2018년 기준 호찌민, 하노이 다음으로 성장세가 두드러진 도시로 발전하고 있다.

　다낭은 이제 전 세계적인 투자도시로 각광받고 있다. 다낭의 분양아파트를 보면 바다 조망이 잘 나오는 곳은 평당 2,000만 원까지이며, 뒤쪽은 1천만 원 선에서 분양중이다. 현재 다낭 부동산은 안정적으로 상승한다고 보면 된다. 임대수익과 시세차익이 1년에 20~30%의 변동이 있다. 그러나 아직 베트남 아파트 분양은 변수가 많고, 위험요소가 많기에 철저히 알아보고 결정해야 리스크를 방지할 수 있다.

　다낭은 한강을 경계로 마케비치가 있는 쪽과 강 건너편 구시가지 쪽의 집값이 차이가 많이 난다. 이 지역은 비바람이 많은 지역이다.

지난해 12월과 2월에 갔을 때도 비가 많이 왔는데 현지에 사시는 분에게 물어보니 비가 많이 오는 지역이라고 한다.

다낭 상권은 한시장 주변이 사람들이 많이 몰리는 곳인데 임대가도 높다. 이곳에서 창업을 한다면 아이템이 특별나야 가능성이 높다. 게다가 다른 곳에 비해 초기 창업비용이 많이 든다.

추천 아이템으로는 한국식 카페가 좋아 보인다. 현지인과 한국인이 많기 때문에 사람 모으기가 쉽다. 호이안도 상권은 좋은데 임대가가 비싸 초기 자금이 많이 들어가는 지역이다. 보통 1년 연세를 내고 들어가는데 이들 인기 지역은 2년 치 선납 연세를 한 번에 요구하기 때문에 처음 비용이 많이 투자되는 위험부담도 감안해야 한다.

토지를 임대하여 원하는 건물을 신축하여 장사를 하는 사람도 있는데 그 비용이 많이 들고, 준비기간도 오래 걸리는 게 단점이다. 이런 경우 계약기간과 임대가를 확실히 결정해야 하고, 임대기간 중 일어날 일과 계약완료 시 건물 반환 문제 등에 대한 확실한 계약이 이루어져야 한다.

다낭이나 호이안 어디를 가더라도 사람이 많고, 최근 한인들의 진출 러시에 관광객까지 급증 추세다. 그래서 잘 되는 외식사업 중 특히 회식을 할 수 있는 고깃집이 유망하다. 단체손님을 타깃으로 삼는다면 가게 입지를 시내권보다는 약간 변두리의 여유 있는 곳의 싼 가게를 임대하는 것이 유리하다.

　다낭에서는 숙박업도 유망하다. 호텔과 게스트하우스사업이 한 창 재미있는 장사다. 외국인에게 숙박업 인·허가 취득이 까다 롭기에 이미 외국인에게 나 있는 숙박업소를 임대받아 영업만 잘 하면 된다. 계약할 시는 철저히 외국인에게 영업을 할 수 있는지 인·허가증을 확인하고 계약해야 한다. 계약은 통상적으로 1년 치 월세 선납과 2개월 치 보증금으로 맞춰져 있다. 다낭도 상가 임대 공급 부족으로 인해 건물주 마음대로 월세가 결정되는 경우 가 많다.

　결론적으로 지금의 다낭은 투자하기도 좋은 곳이고, 개인이 창 업하기도 그만인 도시라고 보여지지만 눈에 보이지 않는 리스크 는 생각해야 한다.

06

휴양관광도시 '나짱'

인구 45만 명 정도의 아담하고 매력적인 휴양도시 나짱은 풍경이 멋진 해안도시다. 나짱 시내 앞은 바닷가의 넓은 백사장이 펼쳐져 있고, 백사장 건너편은 높은 고급 호텔과 리조트, 유명한 빈펄리조트 나트랑과 쇼핑센터, 아파트들이 있다. 그리고 안쪽으로는 작은 호텔과 게스트하우스 등 여행자 숙소가 많다. 요금은 호텔이 2만 원 이하다. 단, 엘리베이터는 없지만 퀄리티는 짱짱하다. 게스트하우스는 1만 원 이하가 주류를 이룬다. 장기간 계실 분은 여기로 숙소를 잡는 게 유리하다. 주변에는 먹을거리가 많고,

해변도 가깝다. 바다 앞 도로 주변은 온통 먹을거리와 쇼핑센터가 밀집되어 있어 겨울에 이곳에서 생활한다면 해변도시에서 평화로이 즐길 수 있다.

나짱은 한국 교민은 그다지 많지 않고 중국과 러시아 사람이 많다. 먼저 이 지역에 진출하였기 때문에 이들이 운영하는 가게가 대부분이다.

한국에서는 직항으로 나트랑–깜라인국제공항까지 5시간 전후로 걸리고, 신축 호텔이 많은 공항 근처에 숙소를 잡거나, 아니면 40분 이상 걸리는 나짱 시내에 바로 택시나 그랩을 불러서 나가는 경우도 있다. 공항 근처의 숙박료는 4~6만 원대. 공항 근처 호텔에서 바라본 들판은 온통 모래땅이다. 우리나라 여의도가 처음 개

달리는 **베트남 · 미얀마**에 나를 세워라

발될 무렵의 땅과 거의 비슷하다고 보면 된다. 공항에서 시내까지 꽤 시간이 걸리는데 도로변 여기저기에 아파트와 단독 타운하우스들을 무척 많이 짓고 있는 것을 볼 수 있다. 여기 또한 대부분이 모래땅이다.

공항에서 시내 가는 길 주변이 지금은 드문드문 아파트 단지와 건물이 들어서고 있지만 아마 10수년 후에는 온통 건물로 시내까지 이어지리라 본다.

솔직히 필자는 서울에서 그런 모래땅이 세월이 가면서 황금으로 변하는 걸 눈으로 똑똑히 보았기 때문에 배가 아플 정도로 탐이 났다. 필자가 10대 후반 서울 시내에서 천호동 사촌 집까지 가다 보면 자양동과 구의동은 논이었고, 잠실은 모래언덕이었다. 그런 곳이 세월이 지나면서 금싸라기 땅으로 바뀌었다. 베트남 나짱 땅에도 투자를 한다면 바로 이런 길목의 싼 땅을 사서 기다리면 모두 돈이 될 것이다.

아파트와 호텔·리조트에 투자를 염두에 둔다면 공항과 나짱 시내 중간 정도 지점에 물건을 잡는 것이 현명하다. 이제 개발이 모두 된 시내는 현재 너무 비싸서 별로 메리트가 없다.

나짱에서의 사업 환경은 아주 좋다. 항아리 상권으로 빠져나갈 곳이 별로 없어 나짱 시내에서 소비를 해야 한다. 이 지역이 입지와 환경이 워낙 좋기 때문에 도시가 급팽창할 수도 있다. 로컬뿐만 아니고 외국인들도 한 번 오면 빠질 수 있는 넓고 긴 백사장과 좋은 날씨, 저렴한 생활비에 모두 만족한다. 필자가 보기에도 장기적으로 생활하기에는 다낭보다 좋아보였다(다낭은 비바람이 강함).

좁은 공간에서 카페를 한다면, 음료나 간단한 디저트만 팔아도 사람이 바글바글한다. 그만큼 시내에 사람들이 집중되어 있다.

나짱 경제 또한 잘 돌아간다. 이곳에는 프랜차이즈 편의점, 화장품, 부동산, 여행자 관련사업이 유망해 보인다. 그리고 한국사람이 단체로 많이 오고, 베트남 현지인들도 점차적으로 고기를 먹는 문화로 변해가기 때문에 조금 변두리의 큰 가게를 잡아 대형 갈비집을 해도 좋다. 참고로 한국에서 외식사업은 인건비가 비싸서 손이 많이 가는 요리를 할 수 없지만, 베트남에서는 임금이 저렴하여 인력을 마음대로 투입하여 원하는 요리를 다 만들어 낼 수가 있다.

결국 해외 창업의 변수는 얼마나 올인할 수 있느냐고, 시스템 관리가 결정한다.

07

휴양커피산지 '달랏'

　달랏은 한마디로 표현하면 작은 산골도시이지만 사람이 많고 좀 복잡하다.

　여기서 남동성(우리로 보면 '도') 전체를 말할 필요는 없고 남동성의 핵심이 달랏이기 때문에 여기만 집중해서 보면 된다.

　높은 산골지역에 40만 명의 인구가 산다는데 좁은 옛날 도시 그대로다. 그런데 웬 사람이 이렇게 많은지 달랏시장 입구 광장부터 한마디로 바글바글 북새통이다. 오토바이도 엄청나다.

　이곳은 1,500고지로 연 평균 기온이 18℃, 아침저녁에는 좀 쌀쌀하다. 낮에는 반팔 티로 다니기가 좋다. 호텔 어디에도 에어컨

이 없다. 한마디로 사람 살기 딱 좋은 도시다. 그래서 이곳을 휴양 도시, '은퇴의 도시'라고도 한다.

시내권에는 고급 호텔과 중급 호텔이 엄청 많고, 리조트나 게스트하우스도 상당히 많이 보였다.

다른 도시처럼 고층아파트는 보이지 않았고, 새로 짓는 곳도 그다지 없었다. 아마 지형이 산악지대라 고층건물은 맞지 않은 모양이다. 대신 따닥따닥 붙은 플랫하우스 단독주택 3~4층짜리 건물들을 변두리에 상당히 많이 짓고 있다. 이런 집의 용도는 1층은 전용 약 20평 이내로 장사를 할 수 있는 장소이고, 2~4층은 원룸으로 보통 6개 정도 들어 있다. 전체를 통으로 빌리면 월 120~150

달리는 베트남 · **미얀마**에 나를 세워라

만 원 선, 1개를 재임대하면 35~50만 원(옵션 추가)을 받는다.

현지에 사는 한국인들을 만나 얘기를 나눠보고, 투자환경과 주택현장을 방문하여 상담을 해 보니 아직은 이 지역에 진출한 한국인은 많지 않고, 근래 들어 찾는 사람이 늘고 있다고 한다. 타운하우스 개념의 단독주택이 4~5년 사이 3배 이상 올랐고, 지금도 건물을 짓기 바쁘게 매매가 잘된다고 한다.

필자의 눈에 건설사업과 건자재, 호텔, 여행관광사업이 유망해 보이고, 커피 생산지라서 그런지 카페사업을 한국과 연계한다면 시너지 효과도 좋을 듯하다.

나짱에서 버스를 타면 꼬불꼬불 산길을 5시간 정도 달려야 도착하고, 달랏 초입에 들어서면 아름다운 호수와 골프장이 손님을 반겨준다. 호찌민에서 신투어 슬리핑버스를 타면 8시간 정도 가면 된다.

달랏에서 호찌민 가는 길옆과 산과 들에는 대부분 커피나무들이다. 그래서 달랏 어디를 가더라도 커피 선물세트를 파는 가게들이 눈에 띈다.

사람이 살기 좋은 이곳이 장사와 투자, 여유로운 생활이 가능한 곳인지 그리고 미래 유망한 지역인지 좀 더 디테일하게 살펴보자.

우선 기후가 좋기 때문에 한국사람들이 생활하기가 너무 좋다. 도시 바로 옆에 골프장도 있는데 페어웨이 상태가 상당히 좋다. 물론 생활비도 한국보다 적게 든다. 단 먹을거리는 한국보다 훌륭

하지 않다.

투자는 어느 곳에 해도 시간이 가면서 점점 좋아진다고 봐야겠다. 호텔사업과 타운하우스 등으로 사업을 한다면 생활도 되고 자금 회전도 잘 되리라 본다. 무엇보다도 여행객이 항상 많기 때문에 리스크는 생각하지 않아도 될 듯하다.

장사에 대해서 보면, 먼저 진입한 한국인 가게들이 있긴 하지만 초기 단계라 아직도 할 게 많다. 외식사업을 하는 한국사람 대부분이 사업이 잘 된다고 한다. 중국과 호찌민에서 장사를 하다 2년 전에 달랏 시내로 가게를 이전했다는 한국인의 말에 의하면 만족한 선택이었다고 귀띔을 한다. 이곳은 각종 한국제품 판매사업도 좋을 듯한 도시다. 아직은 부족한 게 많기 때문이다.

달랏 시내를 3일만 돌아보면 무엇을 해야 할지 업종 선택을 하게 될 것이고, 그러다 보면 이 도시의 매력에 빠지고 말 것이다.

솔직히 필자도 여기에서 살고 싶을 정도였다.

08

산업도시 '동나이'

사실 동나이 성은 필자가 애착을 갖는 지역이다. 호찌민에 이어 동나이 한 곳에다 필자의 꿈을 펼칠 장소로 점찍어둔 곳이라서 그런지 기분이 좋다.

호찌민은 너무 복잡하고, 마땅한 가게도 찾기가 쉽지 않다. 필자의 나이가 약간 있다 보니 조금은 한가하고, 여유로운 지역 동나이 성이 적합한 도시다. 인근에 좋은 골프장도 있고, 주변 산업단지에는 한국 기업가들이 많아 마음이 편안한 곳이다. 동나이 성 지척에는 호찌민이라는 거대 시장이 있는데, 이 시장은 하루가 다르게 인근 넓은 동나이로 밀려오고 있는 추세다.

동나이는 베트남 최대 산업단지 지역이자 남부 경제 중심지이다. 롱탄 준고속도로를 따라가다 보면, 연짝공업단지에는 한국 기업 효성스판덱스공장이 축구장 80개 규모의 거대한 면적에 입주해 있다. 24시간 풀로 세계 1위 타이어 핵심 부품을 만들어 내고 있는 효성을 비롯해 포스코와 LS전선, 태광실업, 락앤락 등 400여 개 기업이 자리 잡고 있다. 교통의 요충지답게 사통팔달로 국도가 잘 나 있고, 호찌민으로 고속도로 건설이 진행되고 있다. 특히 동나이는 지리적으로 장점을 많이 가지고 있는데 호찌민에서 30km 거리에 최대 항구인 카트라인항구, 탄손낫국제공항 등이 있어 접근성이 좋다. 내년에 롱탄 인근에 국제공항이 완공되면 베트남 최대 산업 생산 밀집지역인 동나이가 한층 유망도시로 주목받을 것이다.

인구 250만 명의 동나이 성은 넓은 지역과 운송 인프라가 잘 되어 있어 사방으로 이동하기가 아주 좋은 지역이다.

바다가 없는 지역이지만 관광객들이 많이 찾는다. 긴 강을 따라 볼거리가 많고 특히 폭포가 유명하다. 날씨는 12월부터 3월까지가 좋다.

호찌민보다 약간 위쪽에 자리 잡고 있는 동나이는 아직 고급 아파트는 많지 않고, 빌라주택과 상가주택이 가장 큰 도시인 비엔호아를 중심으로 집중적으로 건설되고 있다.

경제뉴스 등을 보면, 한국과 일본, 중국을 떠나 베트남으로 몰려간 기업들이 벌써부터 인력난에 비명을 지르고 있다고 한다. 미중 무역전쟁과 한일 갈등 등으로 인해 한국 기업들이 심각한 고민에 빠졌고, 글로벌 기업들이 중국을 떠나 베트남으로 한꺼번에 몰리면서 베트남에도 인력난이 발생하고 있다는 것이다. 이 지역 연짝 비노아산업단지엔 우리나라 원단, 원사기업들이 수도 없이 많이 진출해 있다. 참고로 섬유회사는 임금이 짜다. 그리고 미국 수입관세 30%가 사라져 수출길이 탄력을 받고 있다.

　돈도 신흥국 중 유일하게 베트남으로 집중적으로 몰리고 있다. 베트남 현지 금융회사 법인장은 글로벌 경기 둔화와 세계금융시장이 요동치는데 오히려 자금이 꾸준히 유입되는 국가는 베트남이 그 주인공이라고 했다. 베트남 경제 성장의 핵심동력은 바로

외국인 직접투자다. 우리나라 굴지의 기업은 물론 나이키나 아디다스, 올림푸스 등 글로벌 기업들도 최근 베트남으로 생산기지를 이전했다.

종전에는 한국과 일본, 싱가포르가 베트남에 많은 투자를 했지만 지금은 중국, 홍콩 자본이 1위로 올라섰다. 미중 분쟁으로 중국계 자본이 본격적으로 베트남으로 움직이고 있는 것이다.

베트남은 향후 10년간 연 7%의 고성장세를 이어갈 것이라고 전망하고 있다. 골드막삭스는 베트남이 2025년 GDP 기준으로 세계 17위까지 오를 것으로 예측했다.

앞으로 우리나라의 경제위기는 부의 재편을 알리는 시작이다. 경기침체가 계속되면 자산가치가 폭락하고, 사업 방식에도 근본적인 변화가 요구된다. 이런 와중에 우리에게 베트남이라는 절호의 기회가 눈앞에 다가오고 있다. 새로운 '부'를 창출할 도전이 우리들 앞으로 오고 있는 것이다.

이 모든 것을 볼 때 더 넓은 지역 동나이 시대가 오고 있다고 할 수 있다.

09

베트남의 옛 모습, 강의 도시 '껀터'

껀터는 물의 도시다. 베트남 남부 메콩델타 도시 중앙에 황톳물 강이 흐르는 이곳은 베트남의 옛 모습 그대로를 볼 수 있는 지역 이기도 하다.

호찌민에서 약 170km 거리에 위치하고 있으며, 버스로 4시간 정도 걸리는 큰 도시다. 현재 인구는 약 180만 명. 미인이 많은 지 역이다. 이 지역 출신들이 한국으로 시집을 온 경우가 많다. 그리 고 곡창지대인 이곳에서 베트남 전체 쌀의 50% 가량이 생산된다. 특히 강이 수산시장이고 생활터전이다. 아직은 상업화가 덜된 도 시이고, 높은 건물과 아파트는 많지 않다.

이 지역 국민소득이 타 지역보다 상당히 높은데, 수산 자원 등

다방면으로 물자가 풍부하여 농수산업이 발달했기 때문이다.

지금도 도시가 옛 모습 그대로라 볼거리, 먹을거리가 풍부하다. 우기에는 강수량이 많아 도시가 물바다다. 그래서 건기에 가는 것이 좋다. 강을 따라가면 즐길 거리가 많다. 주의할 점은 날씨가 항상 덥기 때문에 청결이 떨어지는 길거리 음식은 먹지 않는 것이 좋다.

까이랑수상시장 하나만으로도 이 지역이 어떤 곳인지 알 수 있다. 껀터시의 가장 인기 있는 수상시장인 이곳은 배 위에서 장사가 모두 이뤄지고 생활도 배에서 하는 사람들이 많다. 과일은 중·도매로 대량 판매된다. 저녁이면 낭만적인 분위기를 흠뻑 느낄 수 있는 곳이다.

하우강변에 있는 껀터시장은 역사도 오래되고 큰 전통시장인데 볼거리가 가득하다. 껀터시에서도 메콩델타의 수상시장을 관광화하여 뒤떨어진 도시화와 기초 인프라에 박차를 가하고 있으며, 컬쳐기업을 유치하기 위해 세제혜택까지 파격적으로 제시하고 있다.

껀터에도 도시가 변하면서 신도시가 현재 진행 중이다. 2020년부터 5개의 신도시가 개발되고, 아파트와 상가주택이 본격 분양에 들어가는데 입지가 좋은 단지를 눈여겨보고 투자를 고려하는 것도 좋다.

2021년부터 연차적으로 대량의 신도시 아파트 입주가 시작된다. 이 지역으로 진출하기 좋은 환경이 조성되고 있는 것이다. 이 지역의 아파트 투자와 개인 창업은 아직 초기단계이나 이제부터 관심을 가져볼 만하다. 도시화 초기에 들어가야 자리 잡기도 수월하고 리스크를 줄일 수 있기 때문이다.

이 지역은 물가가 싸서 생활비도 적게 든다. 껀터에서 며칠만 지내보면 알겠지만 누구나 이 지역의 매력에 푹 빠져들고 만다. 그래서 관광거리가 많은 이 지역이 앞으로는 더 많은 관광객으로 넘쳐날 것으로 보인다. 메콩델타는 베트남 남부 자연과 강을 터전삼아 살아가는 현지인들 실생활을 직접 볼 수 있어 여행의 필수 코스이기도 하다.

　　　　　　　　　　　　　달리는 **베트남·미얀마**에 나를 세워라

이곳도 도시화 바람을 타고 인구가 밀려들고 있다. 기존 주택이 태부족이라 시내 곳곳에 단독주택이 집중적으로 신축중이며, 호텔과 리조트도 생기기 시작했다. 벌써부터 핵심 상권에는 중국인 투자자들이 많이 들어오고 있다.

껀터 투자는 가능한 한 땅을 사서 하는 건축사업이나 건축 관련 사업을 하는 것이 좋다. 그리고 패션사업, 교육사업, 베이커리, 바비큐, 닭강정, 프랜차이즈, 호텔, 숙박, 여행사업도 유망해 보인다. 청결이 떨어지는 지역이므로 건강한 과일디저트 창업도 좋다. 아직은 제대로 된 게 없는 도시이므로 아파트 투자를 한다면 초시내권에 사는 것이 현명하다.

결론적으로 가장 베트남다운 도시 껀터는 앞으로 장사와 투자, 생활까지 무엇 하나 빠질 게 없는 여유로운 땅이 될 것이라고 확신해 본다.

띠엔장 성은 호찌민과 껀터 사이에 있는 풍요로운 도시다. 호찌민에서 2시간 거리이며, 인구는 약 190만 명, 메콩강 삼각주 관문에 자리한 곳으로 생산물자가 많은 도시로 보면 된다.

이 지역도 강을 이용하여 물류산업이 빠르게 성장하고 있는데 벌써 롱장산업단지, 떤프억 1, 2산업단지, 동남 떤프억공업지구 등에 한세실업, 태광건설 등 수십 개의 우리 기업이 입주해 있다. 껀터와 띠엔장 인근에서 생산된 물자가 강을 따라 미토항에서 호찌민 도매시장으로 나간다.

띠엔장과 껀터는 아직 외국인 손이 덜 탄 지역이라 임금도 저렴하고, 사람들도 순수한 면이 보인다.

10

해운대 같은 휴양지 '붕따우'

　1천만 호찌민 시민들의 사랑을 받는 해안도시 붕따우는 우리나라의 부산 해운대 같은 작은 섬이다. 호찌민의 복잡한 일상을 탈출하여 잠시 힐링하기 좋은 휴식과 낭만이 있는 휴양도시다.

　호찌민에서 불과 120km 거리에 준고속도로가 있어 버스를 타면 2시간 정도 걸린다. 호찌민 1군 박당에서 페리를 타고 메콩강을 구경하면서 가는 재미도 있다.

　인구는 2019년 현재 32만 명 정도이고, 붕따우 시내는 해변을 따라 발전하고 있다. 그리 큰 지역은 아니지만, 도로가 넓게 잘 되어 있어 시내구경은 오토바이를 빌려서 돌아볼 수도 있다.

　붕따우는 관광지보다는 휴양지로 보면 된다. 리조트와 호텔, 카페 등이 넘쳐난다. 휴양도시이면서도 물가가 저렴하고, 먹을거리 중 해산물이 풍부한 지역이다. 처음 이 지역에 도착해서 느낀 점은 날씨가 선선해서 좋았다. 길이 시원시원하고, 해변이 아주 멋지다.

그리고 베트남 전역을 다녀보면 꼭 핵심적인 도시에는 롯데마트가 있었다는 것이고, 모두 장사가 잘 되었다. 한국에서는 힘을 못 쓰지만 베트남에서는 롯데마트가 아무튼 잘 나간다.

한국의 추운 겨울에 따뜻한 붕따우에서 겨울나기를 한다면 축복받는 느낌일 것이다. 바다도 좋고, 먹을거리와 휴식이 있는 카페, 맑은 공기, 가까운 곳에 골프장까지 최적지이다,

90

한국인들이 붕따우에서 겨울나기를 생각한다면 먼저 한국에서 붕따우 시내 적당한 호텔을 2~3일 일정으로 예약하고, 현지에 가서 2일 정도 돌아보고 장기간 숙박할 곳을 찾으면 된다. 한 칸 원룸은 월세가 30~40만 원, 방 두 칸짜리 레지던스 아파트는 50만 원 정도다. 방도 깨끗하고 에어컨과 TV도 있다.

이 지역은 휴양도시라서 곳곳에 아파트를 분양하고 있는데 보통 20평 정도가 1억 원 선이다. 평수에 따라 몇 천만 원에서 2억 원까지 다양하게 있고 한국인들에게 분양하는 곳도 있다. 투자수익과 임대수익도 기대된다. 호찌민에 사는 우리 교민과 동나이에 있는 많은 기업 주재원 가족들이 휴식을 붕따우와 판티엣에서 대부분 보낸다.

이 지역에는 아름다운 해변도 있고 아파트 임대가도 저렴하여 여기서 거주하는 한국인들도 많다. 요즘은 한국인 식당도 많이 생겼다. 유망사업으로는 숙박임대업이 유망하다.

효성화학 공장도 이 지역에 있다.

11

낭만의 관광지 '사파 & 푸꾸옥'

베트남 끝과 끝의 도시를 한 번 살펴보자.

사파는 베트남 지도를 보면 제일 위쪽에 있는 산악도시다. 푸꾸옥은 지도의 제일 아래에 있는 섬이다.

베트남을 더운 나라로 알고 있지만 사파는 사계절이 있고, 하노이보다 10°C 이하의 추운 지방이다.

그런 반면 푸꾸옥 섬은 따뜻하고 시원한 바닷바람에 힐링하기 좋은 환경이다.

낯선 환경의 '사파'

하노이에서 320km 거리에 위치해 있으며, 버스로 7~8시간이 소요된다. 중국과 가까운 지역이고 베트남 소수민족 특유의 생활 모습들이 조금은 낯설기도 하지만 나름 매력 있는 도시다.

1,500고지의 시원한 베트남 대표 산악지역이라 신혼여행 1번지이자 세계적인 여행지다. 산악도시이지만 사파 시내를 보면 이색적인 카페와 특색 있는 주택들이 눈에 띈다. 또 이 지역에는 베트남에서 가장 높은 산 판시판 3,300고지에 케이블카로 단 15분 만에 정상 꼭대기에 도착할 수 있고, 그 높은 꼭대기에 있는 불교사원이 압권이다. 지역 전체가 트래킹 여행객이 즐겨 찾는 곳이기도 하다. 그러나 날씨 변동이 심하고 안개가 많다.

처음 보면 색다른 풍경의 시골도시 같지만 사파노트르담성당 주변과 시내 곳곳엔 보고 즐길 거리가 많다. 이 지역도 자세히 보면 관광을 중심으로 급변하고 있다. 최근 이곳에 한국어 교육 열풍도 불고 있다. 한국인의 뛰어난 장사 마인드만 있다면 이곳에 새 바람을 일으켜 보는 것도 또 다른 인생의 맛이지 않을까?

제주도 같은 '푸꾸옥'

베트남 남부의 숨은 진주 푸꾸옥 섬은 때 묻지 않은 멋진 해변이 잘 보전되어 있는 낭만의 휴양지다. 연 평균 기온이 26℃로 휴양지로서는 최고의 날씨다. 이곳은 고급스러운 5성급 호텔과 리조트가 유명하고, 싱싱한 해산물과 먹을거리가 풍부하며 즐길 거리 또한 많다.

한국에서 직항으로 5시간이면 갈 수 있고, 30일간 무비자로 겨울에 따뜻하고 아름다운 푸꾸옥 섬에서 푹 쉬고 올 수 있다.

인구는 약 15만여 명으로 섬 전체가 해변으로 연결되어 있다. 최근 관광붐으로 빠르게 경제 성장을 하고 있는데 멋진 해변을 따라 호텔과 리조트에 많은 인프라 프로젝트가 이루어지고 있다. 세계 최장 케이블카가 무려 8km나 설치되어 있고, 사파리동물원, 해양, 거북 등을 볼 수 있다. 즈엉동시장과 덕동야시장에서는 지역 특산물을 맛볼 수도 있다.

푸꾸옥은 베트남 남부 끝자락에 있는 여유로운 휴식의 섬이자 관광지로 보면 된다.

우리의 30년 전
경제 성장 시점으로 되돌아가
다시 기회를 준다니
이 얼마나 행복한 일인가

모든 것을 직접 체험하고 느끼는 것보다 더 좋은 공부는 없다. 그러나 모든 것을 직접 체험하기엔 시간도 돈도 부족하다. 게다가 제대로 알지 못하고 무작정 뛰어드는 것은 기름통을 짊어지고 불 속으로 뛰어드는 것과 다를 바 없다. 그만큼 리스크가 크다.

전투장 같은 창업의 세계에서 성공하려면 최대한 리스크를 줄이는 방법을 연구해야 하고, 그러기 위해서는 많은 공부가 필요하다. 누군가의 성공과 실패의 경험담을 듣는 일은 그 공부의 좋은 첫 시작이 될 것이다. 지금 필자의 이야기가 그런 의미에서 유용한 자양분이 되리라 생각한다.

팔자는 호기심이 많다. 특히 장사와 부동산, 주식, 경제, 세상에 관심이 많고, 새로운 것이 보이면 직접 현장답사를 해야 직성이 풀린다.

필자는 이제 또 다른 세상 속으로 뛰어들 준비를 한다. 그래서 수십 년간의 장사 연구와 이에 대한 노하우를 가지고 많은 사람들에게 희망을 주는 일을 할까 한다.

지난 시간동안 베트남과 미얀마를 연구하고 현장답사를 하면서 느낀 건 지금이 딱 좋다.

이제 새롭게 하고 싶은 일도 많고, 보이는 것도 많다. 1천만 호찌민 시민들의 마음을 사로잡을 일은 뭘까? 우리의 강릉과 비슷한 낭만적인 다낭으로 진출하여 행복이 춤추는 장사가 뭔지를 보여주고 싶다. 그리고 고철로 가득 찬 미얀마 양곤으로도 가보고 싶다.

내가 즐겁고, 그들에게 희망을 주는 일을 생각할수록 벅찬 희열감을 느낀다. 베트남과 미얀마는 알면 알수록 그 매력에 푹 빠지게 된다. 우리나라의 30년 전 경제 성장 시점으로 되돌아가 다시 기회를 준다니 이 얼마나 행복한 일인가?

필자는 이제 한국에서의 장사와 행복한 일들을 잠시 내려놓고 또 다른 인생을 살아볼까 한다. 베트남 동나이 성으로 진출하여 향후 10여 년간 좌충우돌하는 새로운 삶을 즐겨볼 것이다.

필자가 본 지금 베트남과 미얀마는 심장이 뛸만한 꽃봉오리처럼 아름다운 '기회의 땅'이다. 변화를 즐기고, 과감하게 도전하자.

베트남 시장 환경 분석

100만 장자를 꿈꾸는 자,
간절한 곳에 미쳐라!

날마다 좋은 생각이 나를 춤추게 한다.

이 세상에 하고자 하는 일에 가능하지 않은 것이 어디 있을까?

부자도 될 수 있고, 사장이나 회장도 될 수 있다.

처음부터 대단한 사람도 없고, 형편없는 사람 또한 없다는 게 필자의 경험이다.

단지 기회가 왔을 때 실행하느냐, 안 하느냐에 달렸다. 고성장이 시작된 베트남·미얀마에 잘 차려진 밥상에 수저 하나 얹어보자. 천지가 개벽할 이곳에서 10년만 즐기면 노후에 하고 싶은 것 다 하면서 살 수 있다.

지금이 영웅이 탄생하는 때이다.

우리나라 1960~1980년대 정주영, 이병철처럼.

중국의 1990~2010년대 알리바바의 마윈처럼.

베트남 2005~2025년 빈그룹 팜처럼.

미얀마 2030년~~~???

01

1억 명의 활기찬 시장

단순히 인구만 많다고 해서 장사에 좋다고 말할 수는 없다. 소비층이 누구냐와 지속적으로 그 숫자가 늘어나면서 산업이 폭발적으로 클 수 있느냐를 분석, 연구하는 게 우선이다. 그 이유는 언어가 통하지 않는 곳이지만, 그래도 한 번 뛰어들어 인생역전을 해보자는 뜻이다. 쉽게 말하면 제대로 장사할 만한 곳인지를 살펴보는 것이다.

한국의 인구는 5,300만 명, 평균 나이는 40대 중반, 출생자 감소로 늙어가는 나라다. 산업도 중국 거대 자본에 의해 쇠퇴기에 접어들고, 경제 인력이나 파이팅 넘치는 헝그리 정신도 잃은 지 오래다. 다만, 있다면 오로지 개인주의와 집단이기주의만 있을 뿐

이다. 자녀에게 한참 돈이 들어가 힘들고, 불안한 직장생활로 힘들고, 긴 노후도 즐겁지 않고, 사회 전반을 보면 희망은 보이지 않고 한숨만 나오는 게 오늘의 한국이다.

베트남의 인구는 9,600만 명이다. 평균 나이 30세로 젊은 산업 인력들이 이제 돈 맛도 보고, 고기 맛도 안다. 매니큐어도 바르고, 스마트 폰도 가지고 있다. 오랫동안 못 살고 배고픔을 참아왔던 많은 가족들을 위해 그들은 봇물이 이제 터진 것이다.

보고만 있어도 그 사람들의 열정이 느껴진다. 밤낮을 가리지 않고, 주말도 없다. 그저 돈만 된다면, 베트남 젊은이들은 시키는 대로 일한다. 그게 현재 베트남 사람들이다. 이를 볼 때면 한편으로

달리는 베트남 · 미안마에 나를 세워라

그들이 무섭기도 하고, 부럽기도 하다.

　사업을 하다보면 기교만 부리는 한국 직원은 솔직히 일을 시키기 버겁다. 현재 한국인 사업주들의 머릿속엔 그러한 생각들이 자리 잡고 있다. 반면, 베트남 직원을 고용한다면 우선 마음이 편하다. 일을 시키는 대로 하고 기본 급료에 보너스를 조금 더 얹어주면 너무 좋아하는 그들이 정말 부담 없다.

　당신이라면 이러한 비교를 봤을 때 어디에서 창업을 하겠는가?

　젊어서 고생은 사서도 한다는데 무자본으로 활기찬 이곳에서 우리민족의 정신무장만 있다면 충분하다.

02

딴 세상

이제 국내 자영업시장은 한마디로 지뢰밭이요, 몰락이라고들 한다.

사업이란 자고로 제도가 까다로워지면 수익을 기대하기 쉽지 않다.

현재 자영업(개인사업자)은 최악이다. 세금 폭탄과 자영업의 몰락, 짧은 근무시간, 높은 임금 등 경기가 안 좋으니까 경쟁만 치열하다.

게다가 까다로워진 손님과 벅찬 직원 관리. 이 말이 과장인지는 막상 장사를 해보면 바로 알게 된다. 아무리 장사꾼이라 할지라도 지금 창업하여 성공할 자신 있는 사람이 있으면 나와 보라고 하고 싶은 심정이다.

요즘은 아무리 신선한 아이템도 금방 시들해지고, 경쟁자는 빠른 속도로 생겨난다. 우선 일 할 사람이 없기도 하고, 막상 구했다 할지라도 인건비를 감당하기 어렵다. 상권이 좋다는 역세권과 강남 또는 시내 어느 곳을 다녀 봐도 겉보기는 그럴싸하게 장사가 되는 듯하지만 실상 내용은 헛고생만 하고 있다고 보면 된다. 이제 한국은 자영업을 하여 부자가 되는 시대는 이미 지난 듯하다. 일본식으로 가족끼리 소규모 장사로 가는 추세다.

한국의 자영업 비율은 아주 높다. 저성장과 고령화, 까다로운 손님 등 아무리 노력해도 지출만 많아지고 남는 게 없는 악순환 구

조다. 구조적으로 성공하기 어렵기 때문이다.

필자가 관련 도서를 쓰면서 자영업을 하는 현장의 소리를 들어봤는데 다양한 분야의 자영업자들이 한결같이 어렵다는 말뿐이다.

카페나 빵집은 "포화상태라 죽을 지경이다", 카센터는 "차가 고장이 없어 수리할 차가 없다", 편의점은 "인건비도 안 나온다", 건축 관련 사업자는 "이제 못해먹겠다", 학원 · 독서실 등의 교육사업 분야에서는 "완전 사양산업이다", 노래방과 스크린 골프장 등에서는 "날씨 좋아도 손님이 없는데 저녁에 술 · 담배 금지 등으로 밤늦게까지 근무하지만 미칠 지경이다", 음식장사는 "1년도 버티기 어렵다, 그만두려해도 인수할 사람이 없다"…….

이게 우리나라 자영업의 현주소다.

알다시피 지금 베트남은 아주 잘나간다. 하룻밤사이에 일자리가 몇 개씩 생긴다고 할 정도다. 호찌민 시내를 이틀만 돌아다녀보면 생각이 복잡해지고, 눈이 돌아간다. 사람과 오토바이 천국. 무한도전은 언제 하는 것인지 눈치를 챈 분이라면 무릎을 칠 것이다. 완전 딴 세상이다.

베트남의 자영업 비율은 18%대(주택보급률 26%)에 불과하며, 9,500만 명의 베트남인 중 한국사람을 좋아하는 젊은 소비층이 바글바글하다. 장사하기 딱 좋은 환경이 열렸다.

돌아보니 우리나라 1980년대 중반 경제가 그러했다. 그때 자영업을 제대로 했던 사람들은 매일매일 돈 세는 게 피곤하다며 콧노래를 불렀다. 지금의 베트남이 그렇다.

도시 전역이 어마 무시한 공사판일 정도로 폭풍 성장하는 베트남에 10년 후를 내다보고 지금 씨를 뿌리자는 것이다. 오늘의 과감한 결단이 운명을 바꾼다.

남들이 주저할 때 부자로 다른 세상을 한 번 살아보고 싶다면 자신을 던져라! 여기서는 선택과 집중이 답이다.

03

달리는 황금 숫자

한국의 국민소득은 3만 달러. 베트남의 국민 소득은 2,700달러 (주요 도시 실질소득은 5,000~6,000달러). 이 숫자만 보면 무슨 생각이 날까? 대부분 '베트남은 앞으로도 한참 올라갈 여력이 있구나' 할 것이다.

우리나라 국민소득 3,000달러 시절부터 현재까지 부동산과 주식그래프를 그려보면 몇 십 년 동안 엄청나게 올라간 걸 한눈에 알 수 있다.

결론은 베트남 또한 앞으로 몇 십 년 내에 그렇게 변화가 진행되리라 예상된다는 점이다. 중간 중간 작은 파도야 있겠지만 큰 그림은 올라갈 수밖에 없을 것이다. 그래서 이 책을 접하는 분들은

달리는 베트남 · 미얀마에 나를 세워라

행운을 잡은 것이나 다름없다. 남보다 10년 먼저 기회를 포착하게 되었으니 그만큼 실행이 빠를수록 좋다. 따라서 원대한 목표도 세워야 한다. 10년 후 나의 미래 자산, 10년 내 100배의 재산 증식을 목표로 삼아라. 얼마나 가슴 설레는 기분 좋은 일인가.

앞에서도 언급했듯이 우리나라는 성장이 더 이상 진행되기 어려운 환경에 놓여있어 수출이 아니면 먹고 살기 힘든 상황이다. 그런 상황인데도 한국은 중국에 의해 빠르게 잠식 중이다. 2000년대까지는 그나마 희망으로 가득했던 대한민국이 이제 어느 한 곳에서도 특별한 돌파구가 보이지 않는다. 물론 아무리 어려운 시절에도 대박을 일궈내는 사람이 분명히 있지만 말이다.

베트남은 연 6.7%의 세계 최고의 성장률을 보이고 있고, 내수 인프라와 비즈니스 쪽을 보면 엄청난 호황이다. 하루가 다르게 세계의 공장으로 변신 중이고, 한국과 중국에서 빠져 나오는 대기 자금이 봇물을 이룬다(현재 국내 금융사마다 베트남 펀드에 돈이 많이 들어와 있지만 좋은 종목은 한도가 차서 더 이상 살 수가 없다).

호찌민과 하노이 등 대도시 근교에 기업도시가 있다. 노동력이 받쳐주기 때문이다. 따라서 노동자들의 임금이 빠르게 올라가다 보니 소비도 많이 한다. 이 나라 젊은이들은 과거 우리처럼 저축을 많이 하는 국민이 아니다. 먹고 마시는 걸 좋아하고, 고가품에 관심이 많다. 한마디로 즐기는 성향이 있다. 이 추세로 10년 후를 생각해 보면 베트남의 국민 소득은 얼마이며, 생활수준 또한 얼마나 올라갈까?

부자를 꿈꾼다면 두 말할 것도 없이 이런 곳에서 인생을 걸어라!

04

필살기로 무장하라

현재 한국에서 무슨 장사를 하든 지금 창업하여 3년 이상 살아 남을 확률이 과연 몇 %나 될까. 또한 살아남았다 할지라도 정말 실속 있게 돈을 벌고 있는 사람은 얼마나 될까. 아마 남들이 보지 못한 특별한 아이템과 전략으로 무장한 극소수만이 떼돈을 벌고 말 것이다.

각종 매스컴을 보면 국내 창업 성공률은 10%대라 한다.

새로 장사를 시작하는 대다수 사람들은 이런 마음가짐을 하면서 출발선에 선다.

'그동안 철저히 준비를 했기 때문에 어느 정도 인건비 이상은 나 오겠지. 다른 사람보다 내가 잘할 수 있어. 가맹 본부에서 뭔가 해

줄 거야.'

이렇게 생각하지만, 막상 장사를 시작해 보면 생각과는 달리 처음부터 여러 암초들이 생긴다. 일할 사람 구하기도 어렵지만 임금 또한 작은 매출로는 감당하기 벅차다. 더구나 주차문제, 또 월말만 되면 이런 저런 걱정이 시작된다. 아마 자영업을 하는 사람의 50%는 많은 리스크로 인해 우울한 고민 속에서 힘들게 버티고 있을 것이다. 약 30%는 손익분기점에 머물 정도의 수준으로 보면 될 듯하고, 아무리 장사가 어렵다고들 해도 그나마 10% 정도만 나름 호황을 누릴 것이다.

이렇듯 국내 창업이 갈수록 어려운 환경으로 간다면 그 대안으로 떠오른 것이 해외 창업 쪽이다. 그게 현명하다. 요즘 많은 기업들이 국내와 중국은 줄이고, 베트남에 집중한다는 뉴스가 많이 나온다.

그렇다면 베트남 창업환경은 어떨까? 하노이도 좋지만, 다낭에서의 장사는 낭만적이다.

단순 비교해 보면 우리 창업시장과는 정반대로 웬만하면 성공한다. 즉, 80%대 창업 성공률을 보이고 있다(우리의 88올림픽 전후처럼). 도시가 급팽창하면서 적당한 가게만 있다면 신바람 나는 장사를 할 수 있다. 우리의 서울과 경기도는 넓고 큰 도시인 반면, 호찌민시 인구는 현재 천만 명 이상으로 매년 폭발적으로 늘어나고 있다. 그런데 시내를 돌아보면 아주 작다는 것을 느끼게 된다.

단 몇 천원의 택시요금으로도 웬만한 곳은 돌아볼 수 있는 거리다. 자세히 보면 도시가 초밀집되어 있어 바글바글하게 살고 있는 것을 볼 수 있다. 그래서 처음 비즈니스로 방문하게 되면 깜짝 놀랄 정도로 정신이 없다. 그렇기 때문에 현지인을 상대로 한 시내 1~2군데에서 어떤 업종이라도 장사가 잘 된다.

그런 반면, 한국인들이 몰려있는 약간 외곽(7군)지역에서 한국인을 상대로 하는 식당들은 벌써부터 경쟁이 치열하다. 이유는 간단하다. 첫째, 언어문제와 정신적인 의지 때문에 한인촌으로 창업을 선택하게 되고, 둘째, 특별히 준비가 된 게 아닌 먹고 살기 위한 창업이고, 셋째, 남의 나라 사람을 상대로 하는 창업이 겁이 나기 때문이다. 그래서 대부분 엄두를 내지 못한다. 또한 기타 여러

가지 이유로 비슷한 업종끼리 시기와 분쟁이 생긴다. 이는 비단 베트남에서만 일어나는 현상이 아니고 LA와 중국에서도 같다.

필자는 그렇게 보질 않는다. 가게와 업종을 자세히 들여다보면 서로 제살 깎아먹는 고만고만한 방식뿐이다. 뭔가 각자 뛰어난 전문성과 누구도 흉내 낼 수 없을 정도의 전략은 하나도 보이지 않는다. 서로 유사한 방식과 메뉴로 당장 눈앞의 이익만 좇는 아주 뒤떨어진 장사 방식으로 하다 보니 서로 어려울 수밖에 없다.

글로벌 시대에 불타는 큰 시장에 뛰어들었으면 다이내믹하게 몸을 던져야 한다.

딱 하나 본인이 잘하는 필살기 하나면 충분하다.

05

작은 투자는 무서울 게 없다

국내는 어디에서 창업을 하든 그 비용이 만만치 않다. 아주 작은 소자본 창업이 좋긴 한데 너무 싼 가게는 입지가 좋지 않아서 장사가 안 된다.

얼마 전에 필자가 컨설팅을 해준 가게의 예를 들어본다.

열정 가득한 30대 후반의 젊은 친구인데 작은 돈으로 괜찮은 가게를 어렵게 찾은 게 골목 안 40평대 고깃집으로 총 창업비용 1억 2천만 원이 들었다. 필자의 눈엔 의욕만 있었지 구체적인 전략도, 본인만의 색깔도 없는 준비 안 된 창업으로 결론 내었다. 현재 적자를 많이 보다 보니 1년 만에 그만 두고 싶은 마음이지만 그렇게 할 시 투자금의 90%는 날아간다고 보면 된다. 처음 자기 사업 입

문비에 대한 수업료 치고는 손해가 너무 크다.

또 평택의 한 가게를 상담했는데 사장은 좋은 기업을 다니고 부인이 프랜차이즈 가맹점을 내어 창업을 했다. 보증금 1억 원에 월임대료 4백5십만 원이었다. 시설비와 가맹비를 포함하여 총 투자금 3억원. 그 가게가 잘 안 되어 1년 2개월 만에 문을 닫았는데 가게마저 빠지지 않아 1년째 방치해둔 상태다. 이 경우 얼마 못가 결국 투자금 전부가 사라진다고 보면 된다.

그리고 하나 더. 파주신도시 복합상가 1층 코너, 실평수 30평을 분양받은 김 모씨는 16억 원에 분양받아 지난해 5월 준공이 났지만 아직도 세가 빠지지 않아 공실로 남아있다. 은행 융자금 8억 원. 이자로 월 350만 원과 기본관리비 100만 원, 각종 세금 등을 모두 계산하면 뇌졸중이 생길 정도다. 이렇듯 요즘 상가를 잘못 분양받으면 패가망신한다.

이게 국내 창업시장의 현주소다.

그래서 요즘 사업을 준비하던 사람들도 많이 망설이게 되고 신중해졌다. 막상 가게를 임대해 보면 보증금에 권리금, 시설비, 집기류, 기타 물품과 광고비까지 생각보다 많이 투자되고, 오픈 전 직원 모집에서부터 오픈 이후 이런저런 걱정으로 잠 못 들고, 살도 빠진다.

대형 가게를 하면 경쟁력이 있어 가능하지 않을까? 천만의 말씀이다. 기존의 잘 되는 가게를 확장 이전 하는 건 좋은 일이지만 처음부터 많은 돈을 투자한 대형 가게는 직원문제와 관리문제로 더 빨리 망가질 확률이 높다.

반면, 베트남 창업비용은 얼마면 좋을까?

베트남은 처음 창업비용이 얼마 안 든다. 통상적으로 보증금 2~6개월 치를 선납하면 끝난다. 월세는 싸지 않고 한국보다 높을 수도 있다. 상업지구 내 상가 임대료를 기준으로 보면 한국과 거의 비슷하다. 예전에는 권리금이라는 게 없었는데 한국사람들끼리 거래하는 가게들이 늘면서 시설비조로 권리금이 붙어 있다.

그래서 가능하면 현지인을 상대로 하는 장사를 하는 게 유망하고, 현지인 가게를 인수하는 것과 새 가게를 임대하는 게 현명하다.

베트남은 우리처럼 대단한 인테리어를 한 가게가 없다. 주차장도 그리 중요하지 않고, 중고 집기류에 에어컨만 제대로 설치하면 된다.

세금과 카드 부담이 없고, 직원 구하기와 매달 급료 걱정을 안 해도 된다.

여기까지 봤을 때 당신이라면 어디서 장사를 하겠는가?

처음 2년 동안은 투자금이 적을수록 유리하다. 그래서 더 적극적으로 부담 없이 시장을 개척해 나갈 수 있다.

06

앞으로 10년은 걱정 없다

　한국에서 막상 장사를 해보면 사람 구하기도 어렵고, 월급도 비싸다는 걸 느끼게 된다. 그리고 직원 상대하기가 쉽지 않다는 것도 바로 알게 된다. 또한 우리 가게에 딱 맞는 사람 구하기는 더욱 어렵다는 걸 피부로 느낀다. 설상 구했다 할지라도 사고 안 치고 오래 근무할지도 의문이다. 임금 또한 마음에 드는 사람은 더 많이 줘야 하고, 수시로 올려주고 챙겨줄 것도 한두 가지가 아니다.

　2019년 현재 개인 영업장에서 일하는 직원들의 실질 급여는 처음 몇 개월은 250~300만 원 선이다. 기술이 있는 유경험자는 300~350만 원 이상이고, 4대 보험 가입은 물론 수당과 퇴직금, 생일, 해외여행까지 챙겨줘야 분위기가 좋다. 작은 가게로 직원 3

명만 고용한다 하면 장사를 웬만큼 한다 해도 만만치 않다. 여기에 요즘 자영업은 세금도 많고, 영업이익이 20% 아래여서 실제로 남는 게 별로 없다.

그나마 하루 매출이 수백만 원 이상이면 남는 게 어느 정도 있지만 2백만 원 이하 내지 100만 원대 매출로는 사업주 인건비도 가져가지 못한다고 보면 된다. 아마 국내 자영업의 60%는 이 범주에 들지 않을까 예상해 본다.

매스컴을 보면 1인 창업자가 많이 늘고 있다는데 한편으론 이해가 간다. 혼자 또는 가족끼리 한다면 그래도 버틸 수가 있지만 직원을 고용하게 되면 경쟁력이 확 떨어져 조금만 매출이 줄게 되어도 어려움을 겪게 된다. 그만큼 인건비가 무섭다는 말이다.

베트남의 노동자들은 한국인 사업주를 아주 좋아한다. 왜냐하면 임금을 많이 주니까. 경영주 입장에선 국내에 비해 임금이 너무 싸게 느껴지니까 풍족하게 지급해도 기분이 좋다. 덤으로 한국의 선진 기술과 서비스 그리고 언어를 배우고 싶어 한다. 직원들끼리 서로 친구를 데려 오기 때문에 사람 구하는 고민은 안 해도 된다.

급료는 한국인 사업장에서 일하는 젊은 사람이 보통 30~40만 원 선이다. 현지인 가게들은 보통 25~30만 원이다. 그 이하도 많지만 베트남도 고급인력은 월 50~70만 원 이상도 많다. 우리처럼 4대 보험과 퇴직금, 해외여행 등을 모두 무시하고, 쉬는 날 또한 일주에 한 번 정도다. 이것은 채용 때 상의하면 된다.

국내에서 장사할 때 직원 급료와 근무조건 문제로 어려움을 겪었던 분들이 생각해 볼 때 베트남은 매력 있는 시장임에 틀림 없다.

매년 조금씩 올라가겠지만 중국의 예로 볼 때 앞으로 10년은 임금 걱정 안하고 자영업을 할 수 있다.

07

직원을 춤추게 하라

자영업을 실패 없이 잘하려면 언제, 어디서, 무슨 아이템을 하느냐가 중요하고, 사업주의 정신무장과 직원을 채용하고 어떻게 관리할 것인가가 또한 중요하다. 결국 시간 싸움에 성패가 달렸다고 보면 된다.

지금 한국사람들, 과거처럼 일 많이 하나? 그렇지 않다. 일부 돈 잘 버는 대기업과 호황을 누리는 곳에서만 그나마 월급을 많이 주니까 하는 것이지, 지금의 기업 노동자나 자영업에 종사하는 사람들은 그렇게 악착같이 일하려고 하지 않는다. 이제 보편적으로 하루 8~10시간 근무에 주 2회 휴무, 여기에 연차다, 월차다, 대체휴무까지 한 달에 20일 일하고 10일 쉬는 게 보편화되어 간다.

달리는 베트남·미얀마에 나를 세워라

15년 전까지만 해도 하루 12시간 일하고, 한 달에 2~4번 쉬면서도 억척같이 일했다. 자영업은 업종에 따라서 여름과 겨울, 비수기와 성수기가 뚜렷해서 매출 차이가 많이 나기 때문에 옛날에는 마음대로 줄이고 늘렸다. 하지만 요즘은 비수기라고 사람을 줄일 수도 없는 것이 현실이다. 한 번 나가면 사람 구하기가 힘들기 때문에 그렇게 할 수도 없다.

이제 자영업자 입장에서 보면 "못해먹겠다"고 할 것이다. 월급 받는 사람도 사업주의 심정을 조금은 생각해봐야 한다.

현재 베트남은 우리나라 1980~90년대처럼 대부분 직원들이 일을 더 하려고 애쓴다. 수당이나 보너스를 받고 사장의 신임도 받으니까 더 열심히 한다. 그러다보니 직원들의 경쟁심도 대단하다. 헝그리 정신에 하루 12시간 이상 근무도 다반사다. 그들은 월 2~4회 이상 쉬지 않는다. 그리고 성수기, 비수기가 따로 없다. 항상 따뜻하기 때문에 밤늦게까지 일할 수 있어 장사가 잘 되고 영업시간을 길게 할 수 있다. 더운 나라 사람들이 게으르고 일 안 한다는 말은 옛말이다. 이제 그들도 돈 맛, 고기 맛을 안다.

참고로 베트남 돈은 동이라 하는데 간단히 우리 돈으로 계산해보자. 100,000동이라면 끝자리 0을 하나 제거하고 남은 게 10,000이다. 여기서 절반만 생각하면 된다. 즉, 우리 돈 5,000원이다. 만약 택시요금이 65,000동이 나왔다면 끝자리 0을 떼면 6,500의 절반, 즉 우리 돈 3,250원이 택시 요금이다. 약간의 차이는 있지만 이정도만 알고 있어도 속지는 않는다.

아무리 남의 나라에서 장사를 해도 함께 일하는 직원은 가족이나 마찬가지다. 머니를 아끼지 말고 직원들을 춤추게 해줘라.

08

입지를 논하지 말라

상권은 본인이 만든 상권이 제일이다.

남이 만들어 놓은 상권은 비싸기도 하고, 자칫 잘못하면 많은 리스크를 동반한다. 아무도 관심 없는 한적한 곳에다 나만의 완벽한 상권을 만들었을 땐 부와 부러움을 한방에 갖게 된다.

이는 장사의 상권만 해당되는 게 아니다. 재테크의 모든 게 남이 잘 다듬어 놓은 것은 그만큼 대가를 치러야 한다. 좋은 상권은 높은 가격에 거래되기 때문에 가능한 한 상권 형성 초기 때 뛰어드는 게 답이다.

좋은 상권 내의 가게들은 보증금과 권리금, 월세가 너무 비싸다. 특히 권리금은 솔직히 인정을 못 받는 돈인데도 몫이 좋은 가게들은 부르는 게 값이다. 그렇다고 장사가 계속하여 잘된다는 보장도 없다. 왜냐하면 장사가 좀 잘되면 유사업종이 틈도 주지 않고 치고 들어오기 때문이다.

상권은 빠른 속도로 변해간다. 특히 골목 상권은 더욱 치열한데 비슷한 업종이 마구잡이로 생기다 보니 손님 유치에 더 많은 신경을 써야 하고, 가게 앞 주차문제 등으로 인해 이웃과 분쟁도 많이 생긴다.

실질적으로 골목에서 무슨 장사를 하든 직접해보면 돈 벌기 정말 어렵다. 지금 베트남 상권은 어느 도시라도 좋다. 자리 잡는 그곳이 본인의 최고 상권이 될 것이다. 그곳에다 창업을 결심한다면 여러 가지 복잡하게 생각하지 말고 딱 한 가지, 자기 자신이 잘 할 수 있는 분야 중 국내에서 최고 잘되는 가게를 롤 모델로 삼아 집중 연구, 개발하여 베트남으로 옮겨가면 된다. 그래서 현지인들이 혹하게끔 다시 현지화해 주면 끝나는 것이다.

필자가 본 베트남의 상권은 잘 갖추어진 상권이 아니고 오래전 자생적으로 생겨난 나름의 지역 특성에 따라 이뤄졌다. 한 예로 여행자거리의 경우 외국인이 엄청 많이 왕래하는 곳인데도 한마디로 무질서 그 자체다. 업종도 뒤죽박죽, 상가 앞과 도로가 소음과 매연, 냄새 등 솔직히 제대로 된 가게를 찾아보기 힘들 정도다.

그러나 이런 곳도 5년, 10년 후가 되면 확 달라져 있을 것이다. 이런 상권이 한국인들이 뛰어 들기 좋은 곳이다. 단, 다른 사람들보다 먼저 앞서서 변화를 준다면 분명 그 지역의 명물이 될 것이다.

현재 베트남은 어느 도시나 상가점포가 부족하다. 가게 유리문이 없는 곳이 더 많고, 주차장은 물론 실내 인테리어도 무시하고 가게 앞 보도까지 물건을 늘어놓아 난전처럼 내놓고 장사를 한다.

베트남에서는 처음부터 거창하고 비싼 가게만이 성공을 보장하지 않는다. 무엇보다도 철저하게 고민하여 현지인을 상대로 하는, 관심 끌만한 한국 아이템을 선별하여 가져가라는 말이다.

결론은 입지가 아니다. 처음 베트남 창업은 지역 선택을 우선시하기보다는 장기적인 상권을 먼저 정한 후 그 주변에서 제일 허름하고 싼 가게를 임대하여 1~2년간 열심히 운영해 보고 다른 곳으로 이동하는 게 좋다.

09

주차문제, 수년간은 신경 뚝!

알다시피 한국에서 어떤 장사를 하든지 주차장 확보를 못하면 장사하기 어렵고, 경쟁력이 떨어져 구멍가게 수준으로 전락한다. 그만큼 주차장 확보가 절대적으로 중요하다. 특히 외식사업 분야는 더욱 주차장이 요구된다. 입지도 중요하지만 결과적으로 주차할 곳이 많이 있느냐, 없느냐가 매출과 직결된다.

손님들은 짧은 거리도 차량으로 이동한다. 그래서 요즘은 주차장이 여유가 있는 한적한 외곽에다 대형 가게를 마련하는 추세다. 물론 번잡한 시내권과 상권 밀집지대 또는 기업이 상주하는 대형 건물 주변은 개인적으로 주차 공간 확보가 어렵기 때문에 상권 입지만 보고 장사를 해도 큰 어려움이 없다. 하지만 신도시 같은 주거 밀집지역 등은 꼭 마음에 드는 점포가 있다면 차를 몇 대나 주차할 수 있는지를 함께 보고 결정하는 게 현명하다. 그리고 팁을 하나 더 드리자면 여성들이 쉽게 주차하고 나갈 수 있는 곳이 좋다. 좁고 어두운 지하 주차장은 피하는 것이 좋다. 또 하나, 본인이 임대하고자 하는 건물에는 주차 여유가 없지만 주변을 돌아보니 곳곳에 주차시킬 수 있는 여유 공간이 많다면, 그곳은 아주 좋은 가게 입지로 봐도 된다.

얼마 전 분당의 대형 갈비집도 장사가 엄청 잘되는 가게였는데 바로 옆에 건물이 들어오면서 주차 공간도 없어지고 골목 자체가 복잡해지니까 매출이 3분의 1로 토막나버렸다. 가게를 처분하려 해도 되지 않았다. 이만큼 국내 장사는 주차장이 중요하다는 것을 보여주는 사례다.

현재 베트남은 솔직히 주차장이 필요 없다. 오토바이 세울만한 곳만 있으면 된다. 우리나라의 80~90년대 수준이라 장사하는 데 주차 공간 확보는 그리 중요하지가 않다. 오히려 주차 공간이 있다면 외부매장으로 활용하고, 작업장 등으로 이용하는 게 낫다.

베트남 현지에서는 우리나라의 이마트와 롯데마트가 큰 규모인데 그런 곳도 오토바이 주차장이 70~80%를 차지하고 있다. 베트남 젊은이들은 대부분 오토바이로 이동하고, 우리 교민과 비즈니스를 하는 분들은 택시로 이동한다. 자가용은 사고위험이 있기 때문이다. 택시는 숫자도 많고, 요금도 무척 싸다. 앞으로 세월이 더 지나면 주차문제가 생기겠지만 현재로서는 베트남에서 창업할 시 주차라는 단어는 당분간 빼고 생각해도 좋다.

베트남은 2030년부터 도심으로 들어오는 오토바이 진입을 금지한다고 한다.

결론은, 앞으로 7~8년은 주차장이 없는 가게라도 장사하는 데 상관없다는 사실이다.

10

베트남의 도시화율은 35%

지금 우리는 폭발적으로 고성장하는 베트남 도심에 새로운 창업 도전을 노크 중이다.

왜, 기업들이 국내와 중국 투자 건을 뽑아서 베트남으로 가고, 국내 부자들도 베트남 부동산과 주식을 사는지 그리고 정말 개인도 장사를 할 만한 환경인지 살펴보고 비교분석을 통해 그 답을 찾아본다.

한마디로 우리나라는 도시나, 사람이나 성장의 한계에 도달하였고, 그 변곡점 선상에 놓였다고 본다. 도시는 높은 아파트 숲으로 뒤덮여 있고, 도시 근교를 돌아보면 집들로 가득 찼고, 시골로 가보면 산과 밭까지 전원주택 등이 들어서 어디 한곳 빈틈이 없

다. 더 이상 성장하기엔 한계가 있고, 새로운 사람이 유입되지 않다 보니 곳곳에서 슬럼화만 진행되는 상황이다. 즉, 일본처럼 늙어가고 있는 셈이다. 이제 아무리 좋은 아이템일지라도 신바람 나는 희망이 보이질 않는다. 생각 없이 주변을 돌아보면 사람은 많아 보이는데 실속이 없다. 결국 한정된 지역 사람만으로는 새로운 상권이 생겨도 그쪽으로만 몰려다니기 때문에 어느 날 보면 옛 상권이 되어 결국 죽어가고 만다.

베트남의 도시가속화는 대단하다. 솔직히 젊은이로 차고 넘친다. 시간을 가리지 않고 달리는 오토바이 행렬을 보노라면 심장이 뛴다. 수십 년 전 우리나라도 고도성장할 땐 저러했는데, 사방천

달리는 베트남·미얀마에 나를 세워라

지 공사판인데도 주택보급률 25%대, 얼마나 많은 사람이 도시로 몰려드는지 주식과 부동산이 매년 급등하고 있다. 이렇게 활력 넘치는 곳에서 장사를 해야 큰돈을 벌 수 있다.

베트남 시장이 매력적인 이유는 크게 두 가지를 꼽을 수 있다. 첫째, 저렴한 임금과 이를 바탕으로 한 대규모 인프라 투자다. 둘째, 아직 경제규모 대비 금융시장의 규모가 작아 한참 더 커질 가능성이 있다는 점이다.

베트남의 월 평균 임금은 중국의 3분의 1 수준이다. 노동연령 또한 한참 젊다는 게 투자 매력이다. 여기에다 경제 발전 초기단계에서 나타나는 인프라 수요 증가로 인해 교통과 운송, 전력 등

기간산업에 대한 대규모 투자가 진행 중이다. 이 시기에 개인 사업자도 뛰어들어야 먹을 게 많다.

베트남 경제력은 매년 빠르게 성장하는데, 창업시장은 아직 초기단계다. 지금 베트남과 미얀마에 뛰어들지 못하면 10년 후 실행한 사람과 그렇게 안 한 사람과의 차이는 더욱 벌어질 것이다. 이제 개미처럼 열심히 일만 한다고 해서 부자가 되는 시대가 아니다.

고성장하는 글로벌 시장에 누구나 뛰어들 때는 이미 늦다. 즉, 화려한 도시화의 모습을 갖춘 후는 이미 늦다는 말이다. 국내의 분당, 일산 등의 사례를 보더라도 신도시 초기 때가 경쟁도 심하지 않고, 장사하기 편했다. 정작 도시가 제 모습을 갖춘 후엔 이미 늦다는 것이다.

2019년 현재 도시화비율을 보면 한국은 82%로 더 이상 도시로 진입할 사람이 없다. 반면, 베트남은 현재 35%로 2025년까지 50% 목표로 도시화를 국가적인 과제로 추진하고 있다. 호찌민과 하노이는 매년 30~40만 가구가 늘어나는 중이다. 즉, 향후 10년 동안은 베트남 주요 도시는 활황을 띨 것이다. 현재 자기 집 보유율은 30% 정도 되는 것으로 알려져 있지만, 실질 도시 주택보급률은 25%선으로 봐야 한다.

비단 장사만 그런 게 아니다. 부동산과 주식도 마찬가지다. 남이 좋다 하면 이미 늦은 것이다. 결국 자기만의 파괴적인 혁신이 필요하다.

참고로 해외 창업 시 가장 조심할 것은 현지 브로커들의 거짓 정보라는 점이다. 누구든 무조건 다 믿지 말고, 투자금은 아주 적은 소액으로 시작하여 몸으로 부딪혀 본 다음 차차 확장해 나가야 한다. 무엇보다도 교민과 현지인들이 무엇을 좋아하고 필요로 하는지를 알기까지는 어느 정도 공부를 해야 하고, 본인 또한 적응기간이 필요하다.

11

미소 줄 때가 봄날

알다시피 우리나라 사람들은 완전 개인주의에 참을성 없고, 빨리빨리만·강요하는 급한 성격이요 코드가 맞지 않으면 배척하는 성향이다. 옛날에는 부족함이 많아도 서로 따뜻한 정이 많은 국민이었는데 말이다. 물론 이게 나쁜 것만은 아니다. 그런 독한 경쟁의식이 있었기 때문에 이만큼 잘 살게 되었다고 볼 수도 있다. 지기 싫어하는 성향에 개미처럼 열심히 일했고, 자식에게 온힘을 다하여 공부시킨 결과다. 선진국의 영향도 많이 받았다. 그러면서 우리는 1980~90년대 고성장을 거치면서 현재의 부유한 나라가 되었다.

어느 날부터 남자는 별 볼일 없고 여자들의 세상이 되었다. 특히 나이 많은 남자는 수십 년간 고생을 했지만 누구에게도 대우를 못 받는 시대에 살고 있다. 비근한 예로 우리 국민들은 남녀노소 서로 편하게 길을 묻고 유쾌하게 대답해주는 그런 사람 보기 힘든 사회로 가고 있고, 자신에게 조금이라도 불이익이 생기면 공격적인 성향으로 바뀌어버린다. 게다가 지금은 세대갈등까지 일어나고 있다. 이 모든 상황들이 대한민국을 후퇴하게 하는 중병이다.

베트남 사람들을 만나본 많은 한국인들은 한결같이 상대하기가 편하고, 순박함과 친절하다는 말을 많이 한다. 필자 또한 그런 느낌을 받았다. 아무리 바쁘게 지나가는 사람에게 무엇이든 물어봐도 절대로 인상 찌푸리지 않고 웃는다. 남녀 모두 똑같다. 베트남 택시기사는 대부분 젊은 기사들인데 하루 종일 타고 다녀도 모두 친절하다. 현지 식당에서도 두서없이 이것저것 물어보면 주저 없

이 보여주며 알려준다.

그들은 오랜 사회주의체제에서 선진기술을 받아들일 수 없었고, 개방정책도 펴지 않았다. 도이머이(Doimoi)정책(새롭게 바꾼다) 이후 개혁 개방정책의 슬로건 아래 시장 경제 활성화로 억척스럽게 일하고, 이제 돈 맛을 알게 되었다. 좋은 집과 좋은 차, 고급 음식까지…….

그들은 한국사람들을 무척 좋아한다. 베트남은 음식문화나 정서가 우리와 비슷한 면이 많아 친근함을 느끼게 된다. 그들의 강한 자존심만 우리가 이해한다면 서로 잘 통할 수 있다.

그들은 또 집에서 밥을 해 먹기보다는 외식을 선호하는 문화다. 거기다 돈 많은 외국 기업들이 쏟아져 들어오기 때문에 과거보다 임금이 높아지고 있다. 그래서인지 요즘 베트남 젊은이들은 먹고 마시는 데 결코 아끼지 않는다.

이들의 특징이 하나 있는데, 그것은 친구로는 좋은데 직업의식이 조금 부족하고 배려심이 없다는 점이다.

12

농수산물 천국

  한국에 살다 베트남에 가서 농수산물을 직접 접해보면 한마디로 너무 싸다고 느끼게 된다. 우리나라 물가가 비싸기도 하고, 한국과 베트남의 환율 차이가 그만큼 크다는 얘기다. 농산물은 말할 것도 없고, 수산물은 종류도 많고 너무 싸서 다 사고 싶은 욕심이 생길 정도다.

  앞으로 우리나라는 고물가시대로 간다. 쌀과 밀가루 정도가 큰 변동 없이 싸다고 볼 수 있지만, 채소류는 변동이 많다. 겨울에는 너무 추워서 비싸고, 여름엔 장마와 더위로 인해 비싸다. 양념류는 수입품이 많이 들어오고 있지만 그래도 비싸고, 수산물의 경우 국내산은 찾아보기 힘들고, 육류 또한 가격이 상당히 높다.

20년 전 장사할 때와 현재 장사해서 올린 매출을 놓고 남은 순이익을 비교해 보면 그땐 보통 50~60%는 남는 장사였고, 현재는 솔직히 15%대로 보면 된다. 물론 인건비가 많이 오르긴 했지만 힘들게 장사를 해도 결산해보면 남는 게 없다. 이제 국내에서 자영업을 하여 돈벌기는 갈수록 점점 어렵다. 하나하나 세금이 다 붙고, 매출이 그대로 드러난다.

눈을 베트남 시장으로 돌려보자! 진짜 큰 부자가 되어 풍요로운 인생을 즐길 야망이 있다면 고성장하는 새로운 시장에 남보다 먼저 뛰어들어야 한다. 진입장벽은 남의 나라라는 이유와 언어문제일 것이다. 이 두 가지를 잘 이해한다면 당신은 이미 성공한 사람이다(필자 또한 베트남과 베트남어를 공부하고 있다).

물가에 대해 알아보자. 단순비교해도 답이 바로 보일 것이다. 농산물을 대충 따져 봐도 7~8배는 싸고, 수산물도 7~10배 이상 싸다. 건어물과 양념류, 육류도 그만큼 저렴하다. 인건비는 8배 이상 차이가 난다. 이런 시장에 한 번은 미쳐봐야 돈 걱정 없이 긴~ 노후를 여행과 골프를 즐기면서 사는 인생이 된다. 다만, 베트남의 점포 월세는 그리 싸지는 않다. 우리나라의 비싼 곳과 비슷하다고 보면 된다. 그러나 점포 보증금이 없고, 초기 자금이 적게 들기 때문에 부담이 없다. 여기에 카드보다 현금 매출이 많아 월세 걱정은 안 해도 된다.

겨울에 답사 차 베트남을 방문하여 한국사람들을 만나보니 어떤 분은 현지인처럼 살다보니 월 100만 원으로 살고, 어떤 분은 한국식으로 살다보니 300만 원 가량을 지출한다고 한다. 결론은 식재료가 싸도 본인이 어떻게 사느냐에 달렸다.

13

로켓처럼 빠르게

오래전 우리나라에서 점심 한 끼 값이 보통 3,000~4,000원 내지 5천원 미만일 때 일본은 당시 식대가 1만 원대로 부유한 나라였지만 서민들이 살기 힘들다는 말을 했다. 지금 우리나라의 음식값이 일본을 그대로 따라 올라가고 있다. 웬만한 식사 한 끼 값이 1만 원대로, 조금 유명한 집에서 품위 있게 먹으려면 15,000~30,000원은 줘야 만족한다. 솔직히 식대가 부담스러울 때가 있다.

그렇다면 외식사업주 입장에서는 만족할까? 절대 아니다. 아무리 높은 가격을 받아도 운영비가 더 빠른 속도로 올라가기 때문에 수익은 계속 낮아진다. 필자가 아는 한 분의 가게를 경영진단을 해보면 남들은 그 식당을 하면 돈을 쓸어 담는 줄 안다. 단가도 높고, 가끔 주말에 가보면 많은 손님들이 줄을 선다. 월 매출이 상당하리라 본다. 그러나 정작 사업주 본인은 경영에 심각함을 느낀다고 한다. 주말에만 몰리고 평일 낮에 잠깐 손님이 모이다 저녁엔 텅 빈다는 것이다. 이렇다보니 직원 투입에 어려움이 많아 지출은 많아지고, 수익은 한계에 왔다는 것이다.

현재 베트남 외식가격을 보면 지방과 중소도시의 경우 자국민을 상대로 하는 음식값은 한 끼 식대가 700~2,000원대가 많다. 그러나 큰 도시 시내권은 현지인 상대 식대가 1,500~3,000원 선이다. 쌀국수 한 그릇은 2,000원 선이다.

어느 정도 수준 있는 현지인 가게와 일본식 가게들은 현재 우리와 비슷하게 받고 있다. 특히 한국인이 경영하는 식당들은 음식가격이 비싸고, 국내와 별반 차이가 없다. 이유는 손님 대부분이 한국사람들이고, 베트남 손님들은 어느 정도 수준 있는 사람들만 온다고 보면 된다. 그러다 보니 장사를 좀 아는 사람들은 빠른 속도로 점포를 늘리고, 부동산을 사 모으고 있다. 국내에 비해 모든 것이 7~10배 이상 저렴한데, 받는 식대는 우리와 별반 차이 없이 받으니 마진이 너무 좋다. 비단 음식값뿐만 아니라 베이커리, 햄버거, 치킨 등 먹는 것 대부분이 해당된다. 이보다 더 잘되고 많이 남는 분야는 건축자재 분야가 최고 수익을 내고 있다.

14

건설, 금융, 통신이 달린다

20년 전만 해도 아침에 가게에 출근하면 잔돈 바꿔오는 일이 하루의 시작이었는데 지금은 그렇게 하는 곳은 일부 재래시장과 노점상 정도뿐이다. 웬만큼 장사를 하는 집에는 잔돈이 필요 없고, 현금 또한 얼마 안 된다.

도시의 큰 가게들은 카드 매출이 90%대이고, 아주 작은 영세가게와 지방 소규모 가게들도 현금 매출이 50% 이하 정도다. 여기에 현금영수증까지 해줘야 하기 때문에 매출 세수가 그대로 드러나 한마디로 '꼼짝 마라'다. 장사하여 정부와 나눠 먹는 시대인 셈이다.

선진국의 예를 들면 카드 비율이 90% 이상 도달 시 세금이 너무 많아 자영업하기가 더 어렵다. 그래서 화려한 도시 상권은 점점 쇠락기로 걷게 된다. 앞으로 우리나라도 그대로 따라간다고 생각하면 된다.

그렇다면 현재 베트남은 어떨까?

베트남은 아시아에서 가장 빠르게 성장하고 있는 소비시장이다. 편의점과 외식 관련 업종, 건설과 통신, 건강 및 미용분야, 유아용품 등의 현대식 점포가 급속도로 증가하고 있다. 아직 현금 비중이 절대적으로 높고, 카드보다는 현금을 더 선호하는 경향이 있다. 물론 대형마트나 법인 판매점은 카드 매출이 높은 편이고, 한국인을 상대로 하는 어느 정도 규모가 있는 가게들은 현금과 카드 비율이 5대 5 정도 비슷하게 나온다.

우리나라는 통신과 인터넷이 잘 되어 있어 택시까지 카드결제가 가능하지만, 베트남의 인터넷 보급률은 전국적으로 보면 아직 초기단계에 머물고 있다. 우리처럼 갖추어지려면 한참 후나 가능하다.

베트남인들의 상거래를 자세히 보면 대부분 현찰거래임을 알 수 있다. 은행 이용률도 얼마 안 되고, 이렇다보니 웬만한 개인사업자들의 소득을 정확히 파악하기 어렵고, 사업주 입장에서 보면 장사하기 딱 좋은 환경이다. 소비 중심의 성장 스탠스로, 이런 과도기적인 시기가 떼돈을 벌 수 있는 기회라고 보는 이유가 여기에 있는 것이다.

도시 인프라 조성으로 건설 분야가 좋고, 대형 프로젝트로 인해 많은 기업들이 들어오다 보니 금융 또한 좋다. 그리고 도시가 팽창하고 사람들이 많이 모여들다보니 통신이 달린다.

15

이제는 실행의 문제다

여러분도 알다시피 우리나라 자영업은 업종에 따라 상가계약서를 지참하고 관할세무서를 방문하여 사업자등록증만 발급 받으면 누구나 바로 사업을 할 수 있다. 외식사업, 카페, 빵 등은 위생교육 몇 시간을 받고 건강검진을 간단히 받으면 된다. 전반적으로 어느 분야라도 사업을 하기 위해 허가문제는 어렵지 않지만 하고자 하는 업종에 따라 해당 상가건물 용도에 따라 판매 시설이냐 또는 1종, 2종 근생이냐에 따라 달라지고, 술을 판매하는 가게냐에 따라서 달라진다.

요즘은 업종에 따라 소방시설이 까다롭다. 학원 사업자는 해당 교육관청 조례에 맞게 관인 신청을 하면 되고, 스포츠 관련 사업은 하고자 하는 건물 일부가 체육시설이 가능한지 확인하고 임대하면 된다. 토지를 구입하여 외식, 카페 사업을 할 생각이라면 계획관리지역 땅을 사야 하고, 근생 2종 허가가 나오는지, 또한 상하수도, 오폐수까지 되는지 관할청에 확인이 필요하다. 잘못하면 상하수도 등의 비용이 많이 들어갈 수도 있다.

현재 베트남에는 자본투자로 진출하려는 외국인이 엄청 많다. 특히 한국 기업과 금융을 필두로 우리의 앞선 제품 노하우를 가지고 각 산업 전반이 대거 뛰어들고 있다.

한국의 개인사업자들에게 좋은 소식은 베트남 신규 법이 2015년 1월자로 제정, 외국인들에게 외식과 카페, 주택 등 많은 새로운 법이 개정되었다는 점이다.

정보가 부족한 개인이 남의 나라에서 처음부터 큰돈의 투자는 너무 위험하기에 소자본으로 진출하는 것이 현명하다.

우리 개인이 작은 돈으로 베트남 시장에 뛰어들고 싶은 분야는 외식사업과 카페, 제빵, 뷰티, 부동산, 교육사업 등 간단한 분야일 것이다. 다행히 2015년 1월 11일자로 외국인 개인이 100% 소유할 수 있는 길이 열렸다. 베트남의 WTO 개방 정책에 따라 베트남인 명의를 빌려 불안하게 장사하던 사업주도 합법적으로 명의를 변경하여 허가를 받을 수 있는 것이다. '기회의 땅'에서 창업을 꿈꾸는 사람들에게 주는 선물이다.

이외에도 복잡한 라이선스를 만들어주고 연결해주는 회계 · 세무서비스 제공 업체들이 많고, 아직 베트남은 해당 공무원의 재량에 따라 많이 달라지기 때문에 이를 잘 활용하면 쉽게 일처리가 된다(단, 베트남 법은 개정되어도 행정은 따로 가는 경우가 있다. 그래서 되는 것도 없고, 안 되는 것도 없다는 말이 있다).

Tip

자영업 허가사항의 간략한 요약

1. 외국인 본인 명의로 법인을 설립하는 경우는 빼앗길 위험은 없지만 기간이 길고, 까다롭고, 복잡하고, 돈이 많이 든다.

2. 현지인 명의로 사업자를 낼 경우는 간단해서 좋다. 기간도 짧고 복잡한 게 없어서 좋다. 그러나 사업체가 커지면 빼앗길 위험이 있다.

3. 외국인투자법인의 경우 현지인 이름으로 사업자를 내고 본인이 법인장으로 등록할 시 거주증도 나오고, 만일의 경우 문제가 발생하면 법인장이 칼자루를 잡고 있어 유리하다. 허가서와 위생허가서, 폐수처리서, 소방허가서 등은 신청 후 허가까지 5주 정도의 기간이 소요되며, 비용은 100만 원 미만이다. 무엇보다도 업체 선택을 잘해야한다.

4. 처음 해외 창업할 땐 가능한 한 직원 또는 현지인 이름으로 쉽게 오픈하고, 명의변경 서류일체를 미리 받아놓고 8개월~1년이 지난 후 자연스레 명의변경을 하는 것이 일처리의 정답이다.

16

맑아지면 먹을 게 줄어든다

우리나라 개인사업자 세금구조는 일반과세나, 간이과세나 부가가치세를 1년에 4번(분기별 납부), 소득세는 1년에 2번(5월과 11월) 납부하도록 되어 있다. 여기에 세금은 아니지만 직원들의 4대 보험은 매달 내야 하기에 경영주 입장에서는 세금이나 다름없다.

필자가 아는 지인도 100평 매장에 직원 11명인 가게에서 1년에 부가세 + 소득세 + 4대 보험 등 세금으로 나가는 돈이 약 1억 원 이상이라고 귀띔하는 걸 듣고 대한민국 자영업은 차포 떼고 나면 남는 게 있나 싶다. '정말 어렵긴 어렵구나' 하고 생각하게 된다.

물론 장사가 잘되고 마진이 좋다면 당연히 세금을 많이 내도 아깝지 않지만, 장사한다고 죽어라고 고생하지만 남는 게 너무 박하다. 여기에 세금이 과도하게 많아지면 자영업자는 죽을 맞이다.

같은 평수의 베트남은 솔직히 우리나라의 80년대처럼 모든 세금체계가 제대로 안 되어 있다. 해당 공무원의 역할이 강하다. 여기에 맞게 보조만 잘 맞추면 잘 돌아간다. 물론 변두리 가게와 작은 가게들은 현금 비율이 절대 우위에 있어 세금이 없다시피 하고, 시내의 큰 가게들은 카드 비율이 50%대 정도 나오지만 걱정이 없다. 아무리 카드를 많이 사용해도 세율과 낮은 과표로 세금은 그리 많이 나오지 않는다. 법인의 경우는 세금계산서를 발급해야 하고, 한 장 한 장씩 사인과 도장을 찍어서 보내야 한다.

다양한 방법을 이용하여 허위소득 신고와 탈세가 만연하며, 아예 세금신고를 꺼리기도 한다. 처음부터 이중계약서를 만들어 낮은 계약서는 세무서에 제출하고, 정상계약서는 공증용으로 사용하기도 한다.

결론은 아직 우리처럼 과세체계가 정립되어 있지 않고, 우리나라의 1980~90년대처럼 장사하면서 세금 때문에 스트레스 받을 일은 없다고 보면 된다.

17

마케팅은 '장사의 꽃'

이제는 한국에서 해외여행을 갈 때 현지 맛집까지 미리 찾아서 간다. 그만큼 SNS 의존도가 높다. 어느 나라든 그만큼 마케팅이 중요해졌다는 것이다.

행사나 모임 등 손님을 초대하는 장소도 인터넷을 통하여 좋은 곳을 찾아 예약하고, 먼 지방으로 단체 여행 등으로 갈 때도 그 지역 유명한 맛집을 선정해서 예약하게 된다. 이렇듯 장사를 하는 입장에선 절대적으로 중요한 부분이 마케팅이다. 아무리 입지가 좋고, 맛 좋고, 가성비가 뛰어나다 할지라도 소문을 낼 줄 모르고, 남이 알지 못한다면 그 가게는 오래가지 못한다. 그래서 요즘 성공하는 가게들은 창업과 동시에 마케팅에 집중한다. SNS를 잘 활용하는 창업자는 그래도 빛을 보게 되고, 창업과 장사에만 집중하고 마케팅은 아예 손 놓고 있는 가게들은 전반적으로 상당한 어려움을 겪는다고 할 수 있다.

'마케팅은 장사의 꽃'이라고 한다. 대한민국에서 마케팅을 등한시하고 창업한다는 건 현실을 모르는, 준비 안 된 '엉터리 창업자'로 보면 된다. 결론적으로 국내 창업은 좋은 아이템과 입지, 마케팅의 세 가지가 함께 이뤄져야 한다는 것이다.

베트남의 장사 마케팅도 우리와 다를 바 없지만 그래도 자세히 보면 아직 완전 아날로그식이다. 과거 우리가 그랬듯이 입소문이 첫째로 중요하다. 한국인이 많이 가는 가게는 한국인 교민들에게 입소문이 쫙 퍼져있다. 여행사, 기업 등 비즈니스로 오는 이들에게 금방 입소문이 난다. 현지인 가게는 끼리끼리 찾아다니고, 간판이 광고다.

옛날 우리처럼 지역 책자에도 홍보하고 유명인을 내세워 광고도 하지만, 통신이 아직 미비하여 마케팅을 그다지 중요하게 느끼지 않고 장사를 한다.

결론적으로 현재까지는 마케팅의 중요성을 못 느끼고 장사를 하지만 앞으로 제대로 장사를 계획하는 분이라면 처음부터 인터넷 홍보에 집중해야 바로 성공이 보인다.

다시 한 번 강조하지만 지금시대 장사는 마케팅이 생명줄이나 다름없다.

18

변화무쌍한 베트남

　변화무쌍한 나라 베트남은 일어나는 모든 것들이 우리의 가슴을 뛰게 한다. 베트남은 하루로 구분하면 한마디로 새벽이라고 할 수 있다.

　솔직히 우리나라 사람들에게 놀랄 정도로 새로운 게 뭐가 있을까? 이제 아무리 새로운 게 나와도 그렇게 혹하지 않는다. 왜냐하면 십 수 년 사이 너무 많은 걸 보아왔고, 해외여행도 많이 다녀서 식상할 정도로 많은 걸 안다. 수많은 정보홍수 속에서 살기도 하거니와 과거처럼 그렇게 못 먹고 사는 사람도 없다. 잘 살지 못해도 먹는 것에서 웬만큼 새롭지 않고서는 그리 혹하지 않는다.

　그러나 앞으로는 빈부격차도 많이 생기고 점점 살기도 힘들어질 것으로 보인다.

사람들 마음이 즐거워야 좋은 걸 보면서 환호하는데 현실은 그렇지 못하다.

이제 나이 많은 사람들은 새로운 것에 별 흥미를 못 느낀다. 사는 게 별로 재미가 없다. 풍요로운 노후가 아니기 때문이기도 하고, 힘들게 살아온 그동안의 고생을 젊은이들이 인정해주지 않기 때문이다. 그렇다고 젊은 사람들이 마냥 행복한 것도 아니다. 특별한 희망이 보이지 않기 때문이거니와 직장 생활과 앞으로의 삶 자체가 불확실하기 때문에 새로운 게 생겨도 특별하지 않다.

80년대 우리나라 경제 성장률이 6~10% 할 때는 무서울 게 없고, 무엇이든 하면 되었다. 자고나면 일자리가 5~6개씩 생기고, 대학을 졸업하면 고급 일자리가 널려 있고, 늘 놀라움만 생겼던 때였다. 지금의 베트남이 딱 그대로다.

베트남 사람들은 새로운 것에 열광한다. 얼마 전 박항서 축구 감독에게 환호를 보내는 걸 우리가 눈으로 보았듯이 새로운 게 보이면 금방 이슈가 되고, 관심을 많이 갖는다.

지금 베트남은 우리의 1980~90년대 수준으로 살고 있지만, 한편으로는 현재 우리나라에서 볼 수 있는 거, 우리들이 사용하는 모든 걸 동등하게 보면서 살고 있다. 결과적으로 이 나라는 과거와 현재가 공존하며 조화롭게 이뤄지고 있는 것이다. 한국의 드라마나 K팝, 음식에까지 열광하고 아파트 문화와 우리나라 기업시스템을 너무 닮고 싶어 한다.

경제적으로 보면 외국인 투자비중이 우리나라가 제일 많은 걸 볼 수 있는데 우리나라와 베트남은 닮은 곳이 많다는 뜻이기도 하다. 부동산에 이어 베트남 주식 시장도 한국사람이 다 올려놓았다고들 한다. 현재 베트남은 그만큼 한국사람들을 좋아한다.

아마 앞으로도 15년 정도는 우리나라 사람들을 좋아할 수밖에 없는 구조로 되어 있다. 국가 경제력과 국민소득 수준을 볼 때 우리와 많은 시간을 함께 공존하며 가게 될 것이다.

결론은 지금 우리를 귀한 친구로 받아줄 때 그 속으로 뛰어들어야 한다는 것이다.

19

모든 투자는 리스크를 안고 있다

아무리 잠재력을 가진 국가라고 해도 정치가 불안하거나 투자환경이 나빠지면 성장 동력에 이상이 생긴다. 개인의 영리활동을 보호해 주고, 자유롭게 사업을 영위할 수 있게 하는 상황이 중국보다 더 개방적이다. 국민이 잘 사는 나라, 세계가 인정하는 베트남이 되기 위해 정부가 나서고 있는 것이다. 이것이 바로 '기회의 땅' 베트남이 아시아의 별로 떠오를 수 있는 무한 동력이다.

개인사업 환경에 대해 알아보자.

베트남은 중산층 확대로 생산기지와 소비시장 기능이 모두 확보된 상태다. 주요 소비계층인 20~49세까지의 인구가 전체 인구의 절반을 차지하고 있으며, 2021년에는 중산층 인구비중이 40%에

육박할 것으로 전망된다.

베트남 프랜차이즈 시장에 총 21개국 170개 기업의 외국 프랜차이즈 브랜드가 존재한다. WTO 개방 일정에 따라 2009년부터 베트남 프랜차이즈 시장이 전면 개방돼 많은 해외 기업이 베트남 시장에 진출하기 시작했다. 로컬프랜차이즈 업체도 활발하다.

현재 많이 진출하는 나라는 미국과 싱가포르, 영국, 한국, 일본 순으로 진출 중이고, '한류열풍'으로 외식과 뷰티, 미용, 메이크업, 교육서비스, 편의점 등이 활발하다. 이와 함께 온라인마케팅을 통해 유통과 패션, 식음료 등의 분야에서 베트남 진출이 눈에 띈다.

아무리 좋은 아이템도 단기간에 많은 수익을 얻으려면 무리이고, 어느 정도 중장기적인 안목으로 접근해야 한다. 진출 시는 유력한 잠재 파트너(로컬에이전트)가 공동투자와 현지인 대상의 마케팅을 담당할 경우 성공 확률은 더욱 높다.

현재 베트남 도시화 비율은 35%로 동남아 어느 나라보다 낮은 편이고, 소비시장 또한 30%대로 앞으로 한창 급팽창하게 될 것이다.

베트남 정부는 '황금의 땅' 다낭, 꽝남 등이 위치한 중부지역을 '경제수도' 호찌민에 맞먹는 베트남 3대 핵심권역으로 개발하기 위한 프로젝트를 본격화했다. 우리도 이곳에서 부동산과 숙박, 관광, 레저, 뷰티, 미용, 식음료 등에 관심을 가져야 한다.

20

분명히 대박이 있다

베트남 부동산시장은 2014년부터 본격 상승하였는데 현지인 실수요 증가와 외국인의 부동산 투자제도가 완화돼 외국인 수요가 폭발적으로 늘어났기 때문이다.

현재 베트남 주택보급률은 36%라 하지만, 주요 도시 실제 주택보급률은 30% 미만으로 추정된다. 갈수록 대기 수요가 풍부하고 분양가는 계속 상승한다. 베트남 내 고급 아파트는 호찌민시의 경우 1군 지역과 2군 지역에 많이 들어서고 있는데 1군 지역 같은 경우 정부의 허가를 받기 어려워 새로운 프로젝트의 공급이 제한적이기 때문에 비싸게 분양된다.

오는 2022년 지하철이 개통되면 1~2군 아파트는 희소가치로 인해 가격이 한 번 더 오를 것으로 보인다.

지금 우리나라 산업과 부동산을 보면 올 것이 오고 있다. 현재 가계 부채 1,500조 원. 지방은 벌써부터 어렵다고 아우성이고, 빚내서 사는 자영업자가 많다.

한계기업과 영세 자영업자는 심각한 어려움에 직면하게 된다. 6개월 동안 수출입 재고지표를 보면 우리 경제는 완전 추락 중이다. 경제 전문가들에 의하면 "내년부터 부동산 가격 하락이 본격적으로 나타나고, 개인의 모든 자산이 디플레이션이 생겨 살기 어려운 시대로 간다"고 한다. 여기에다 2020년부터 경제위기까지 걱정해야 한다.

그러나 지금 현실은?

잘 알다시피 전 국민이 부동산에 관한한 누구라도 최대의 관심사다. 약 5년 사이 전국적으로 부동산 붐이 일어났다. 많이 오른 곳은 몇 십 배까지. 비단 우리나라만 그렇게 많이 올라간 게 아니다. 글로벌 국가 대부분이 부동산 열풍이었다고 보면 된다. 그 요인은 지난 2008년 금융위기로 인해 일시적으로 세계 경제가 폭락한 이후 미국 발 경제 훈풍이 불면서 저금리에 돈이 많이 풀리고, 딱히 투자처가 없던 중에 부동산이 딱 맞아 떨어진 탓이다.

지금도 강남 일부에서 그 비싼 가격에도 불구하고 구매자가 많은 걸 볼 때 부동산의 매력은 상상을 초월한다. 이것뿐인가. 제주도를 비롯하여 평택, 세종 등 개발 호재가 많은 곳엔 땅값이 하늘

높은 줄 모르고 올라있다. 지역 땅값을 관찰하다 보면 스스로 기가 죽는다.

왜 그때 못 사고 기회를 놓쳤을까? 정보도 돈이요 관심과 현장을 뛰어드는 발품도 돈이다. 누가 말했던가. '땅은 거짓말 않고 보물'이라고. 부자를 꿈꾼다면 땅을 가져라.

그렇다고 끝도 없이 올라만 가는가? 아니다. 급등 후엔 반드시 폭락도 온다. 즉, 부동산 세일이 온다는 말이다. 그때 기회를 잡아야 하기에 늘 세계 경제 흐름에 관심을 가져야 준비된 자에게 '기회의 여신'이 돌아온다.

그렇다면 지금 우리나라 사람들이 왜 베트남 부동산에 관심이 많을까? 베트남 부동산 가격이 결코 대한민국 부동산 시가보다 싸지도 않다. 싼 아파트도 있지만 단순히 도심만 비교해 보면 억 소리 나올 정도로 베트남도 비싸다. 예를 들면 베트남 호찌민의 3군 정도에 있는 새 아파트 전용 면적 15평 정도가 3억 원 가량이다. 땅값은 평당 3천에서 8천만 원 정도(50년 임대). 베트남에서 분양 아파트는 외국인도 소유할 수 있지만, 땅은 외국인이 가질 수 없다.

이렇게 비싼데도 왜 한국사람들이 베트남 부동산에 관심이 큰 이유가 뭘까? 한마디로 투자 가치가 높고, '기회의 땅'이기 때문이다.

가격만 단순 비교하면 바보다. 지금 비싼 듯해도 베트남은 금리가 높아 임대를 놓았을 때 월 임대료가 상당히 많이 나온다. 앞으로 더 많이 올라갈 소지도 다분히 많다고 할 수 있다. 당장 하노이와 다낭, 호찌민시 초시내권에는 집지을 땅이 부족하고, 허가문제도 까다롭다. 도시 사람들 또한 외곽으로 벗어나려고 하지 않는다.

이는 여유 있는 한국사람들이 더 이상 국내에서 투자처를 찾을 수 없는 환경을 잘 알고 있기도 하고, 분산 투자처로서 베트남 부동산에 관심을 갖게 된 이유다. 앞으로 한국 부동산에 투자하게 되면 많은 세금에, 낮은 임대료, 또는 폭락 위험 부담까지 안아야 한다. 그런데 베트남의 아파트를 사두면 높은 월 임대료가 나오고, 가격 상승 여력과 낮은 세금, 덤으로 겨울에 따뜻한 나라에 가서 보낼 수도 있다. 그리고 현저히 싼 물가로 인해 생활비가 한국에 비해 몇 분의 1만 가져도 풍요롭게 지낼 수 있는, 여러모로 장점이 많다.

그러나 필자가 보는 현재 베트남 부동산 가격도 단기 고점에 왔다고 본다. 그동안 너무 가파르게 올라왔기 때문에 일시 조정(금융위기 등)이 있으리라 생각하지만, 장기적으로 볼 땐 투자 매력이 엄청난 게 사실이다.

21

이 시장은 단기가 아니다

베트남은 자본시장도 개방하고 외국인 주식 보유한도 규제 폐쇄 등의 증권법 개정도 한다.

미래에셋 베트남 법인은 증자를 통해 자본금을 확 늘려 현재 1위 증권사인 사이공증권을 제치고 베트남 최대 증권사를 꾀하고 있다. 이 업체는 벌써 베트남 전역에 8개의 지점을 신설 중에 있다.

베트남 시장을 선점하기 위해 국내 증권업계의 움직임이 갈수록 빨라지고 있는데 한국투자증권과 NH증권, 한화투자증권 등이 이미 진출했고, 현대해상 등 보험회사도 일제히 진출하고 있다.

필자의 결론은 현대 사회는 빠르게 변화하고 있다는 점이며, 그

변화의 파도를 타지 못하면 조용히 사라지는 게 요즘 세상이란 것이다.

국내 최고 거시경제 전문가도 이렇게 말했다.

"해외투자로 부를 키우지 않으면 자식세대는 손가락만 빨 것이다. 국내는 기술력에서 경쟁국에 밀리고 노동생산성이나 자본효율성에서 뒤처지고 있기 때문에 성장성이 높은 해외 자산에 적극 투자해 새로운 부를 창출해야 한다."

따라서 우리 개인도 앞으로 최소 10년을 내다보고 지금 베트남 우량주에 돈을 묻어둬야 한다. 물론 아파트나 땅에 투자해두면 좋겠지만 큰돈이 없다면 조금씩이라도 사서 모아두면, 결국 베트남도 중국처럼 잘 사는 나라가 되었을 땐 그 주식이 당연히 따라 올라갈 것이기 때문이다. 주식은 살아 있는 생물이므로, 적기적소를 따지는 타이밍이 가장 중요하다.

베트남의 현재 주가를 보면 1만 원 미만으로 메리트가 상당하다. 내수와 기간산업 소비재, 금융, 부동산, 건설, 전기, 가스 등이 유망하다.

베트남 시장은 이제 막 걸음마를 떼고 성장기에 접어들었다. 따라서 베트남 투자의 경우 장기적인 접근이 좋으며, 최소 5~10년을 보고 투자하는 것이 바람직하다.

참고로 필자는 어떻게 하다 보니 주식을 30년 가까이 하고 있다. 그래서 우리나라와 베트남 주식을 비교하고, 판단내리기가 쉽

다. 이제까지 우리나라 주식시장에서 살아남은 것도 생각해보면 필자 스스로 신기함을 느낄 때도 있다.

필자와 함께 주식을 하던 많은 사람들이 한결같이 다 망가져 형편없는 삶을 사는 걸 볼 때 수도 없이 주식과 이별을 다짐했지만 지금도 그 고리를 끊지 못하고 있다.

한국 주식을 30년간 직접 해보니 변화무쌍이다. 그동안 수백 배까지 올라간 종목도 있는가 하면, 그렇게 많이 올라갔던 것이 어느 날 보면 휴지 값으로 떨어지기도 하고, 세월이 가도 항상 그 장단인 종목도 많다. 물론 오늘의 고성장 기업이 10년 후는 사양 산업으로 전락하는 게 현실이니 주식도 그에 따라 변해가는 게 맞다.

좋은 종목을 사서 장기 투자하라고 하는데 직접 투자를 해보면 그렇게 마음먹은 대로 안 된다. 주식은 "어~" 하다 놓치고 늘 실패한다. 매일 눈과 귀로 수많은 정보가 들어오기 때문에 장기로 가지고 있지를 못한다. 그래서 개인투자자는 실패하게 된다. 현재 우리나라 주식시장의 시계는 개인이 덤비기엔 한계가 온 듯하다. 거대 외국 자본과 덩치가 산만한 국민연금 같은 국내기관들 간의 돈 놓고 돈 먹는 그들만의 싸움이지 아무리 지수가 5,000포인트를 간다 할지라도 개미가 이 시장에서 정상적으로 돈 벌기는 '하늘에 별 따기'다.

그렇다면 베트남 주식시장의 현재와 앞으로는 어떻게 될까?

한마디로 '왕대박.' 2년여 너무 많이 올라온 게 부담되고 조정은 있겠지만 앞으로 한동안은 계속 올라갈 것이다. 이에 대한 근거로는 베트남 경제가 고성장 중이고, 외국 투자자본이 끝도 없이 밀려오기 때문이다. 그리고 풍부한 젊은 노동력과 저렴한 임금 등……. 그래서 지금 베트남은 한마디로' 우후죽순'이라고 표현한다. 잠자고 나면 100만 장자가 쏟아져 나온다. 다만, 베트남의 금융 부채가 과도하게 많아 일시적으로 위기는 분명히 생길 수 있다. 대략적으로 잡아보면 2~3년 후쯤일 수 있다. 일시적인 큰 충격으로 베트남 주식시장도 폭락을 맞겠지만 10~15년 후를 놓고 길게 본다면 더 큰 기회요, 지금에 비해 좋은 종목은 아마 100배는 올라가지 않을까 싶다.

필자의 경험으로 볼 때 현재 베트남 주식은 시가총액이 200조 원 정도로 삼성전자보다 적다. 한동안 변동성은 있겠지만 앞으로 좋은 국영기업이 상장을 대기하고 있어 장기적으로 보면 아주 유망한 시장이다. 잘 보고 장기성장 가능 종목에 장기로 묻어 둔다면 '황금알을 낳는 거위'가 될 것이다.

필자 또한 10년 후를 내다보고 베트남 우량 종목에 일부 투자를 하고 있다. 또한 중국, 홍콩, 미국, 일본 주식에도 분산 투자 중이다.

Tip

베트남 주식은 해당분야 절대 강자 1등 주에 5~15년 장기로 묻어두면 10배에서 100배까지 대박이 날 수 있다. 예) 현재 베트남 전체 시가총액 200조 원, 삼성전자 1개 기업이 300조 원.

1. 빈그룹 = 삼성전자
2. 빈콤리테일 = 신세계 이마트
3. 빈홈 = 현대 아이파크
4. 비나밀크 = 남양유업, 서울우유
5. 마산그룹 = 대상, 오뚜기
6. 베트남투자개발은행(BID) = 하나금융투자
7. 베트남무역은행 = 국민은행
8. 바오비엣홀딩스 = 삼성화재

9. 에프피티 = SK텔레콤

10. 호아팟그룹 = 포철

11. 비엣젯항공 = 대한항공

12. 사이공증권 = NH투자증권

13. 사이공맥주 = 하이트진로

14. 모바일월드 = 하이마트

15. 페트로베트남가스 = 한국가스공사

아래의 기타 추천주는 본인의 투자금을 오래도록 지켜줄 종목들이다.

1. 중국 항서제약 = 한미약품

2. 홍콩 우시바이오로직스 = 삼성바이오로직스

3. 일본 무라타제작소 = 삼성전기

4. 한국 삼성바이오로직스

22

베트남에서 하면 좋은
소규모 유망 업종

- **식빵연구소 – 삼송빵집 같은 장사가 답이다** : 호찌민 시내나 하노이 시내 어디라도 이 아이템은 성공이 보인다. 국내에서 하는 식으로 베트남에 본점 깃발을 꽂는다면 아마 그 사람은 행운의 열쇠를 잡는 것이다.

- **가맛골갈비(강강술래식)** : 국내도 잘되는 시스템이지만 아마 베트남 호찌민 시내에 오픈한다면 난리 나리라 생각한다. 우선 브랜드 파워가 있기도 하고, 사업차 호찌민을 오고가는 비즈니스 인원이 회식과 접대 또는 현지 돈 잘 버는 중산층이 워낙 많아 금방 소문이 나리라 본다. 이 시스템을 능가할 상대가 없을 것

이다.

- **토스트 & 햄버거** : 돌아보건대 필자가 한참 일 많이 할 때가 1980년대. 그땐 돌아서면 배고팠고, 늘 허기졌을 때 빵 하나, 고기 덩어리 한 점이면 황홀할 정도로 기분이 좋았다. 토스트를 노랗게 구워서 설탕을 뿌려 먹으면 어찌나 맛있던지. 아마 지금 베트남 젊은 친구들이 그 맘이 아닐까. 사람 입맛은 똑같은 것, 그게 바로 햄버거.

- **유치원사업** : 베트남은 아이들이 많다. 그러나 한국식 유치원이 절대 부족하다. 한인촌에도 턱없이 부족하다. 한 아이마다 월 50만 원 선을 받을 수 있다.

- **냉면 & 막국수** : 맥주가 잘 팔리는 나라는 더운 나라다. 그렇다면 이 아이템이야말로 철을 타지 않고 꾸준히 매출을 올릴 수 있는 메뉴라고 본다. 남과 다른 경영전략을 세운다면 쌀국수를 능가할 수 있는, 쉽게 성공이 보이는 분야다. 현지인이 좋아하는 미끼 상품을 꼭 앞세워야 늘 줄서는 가게가 될 수 있다.

- **국내에서 최고 잘나가는 업종** : 영유아사업, 미용사업 분야 그리고 천하복국, 힘센장어, 콩나물과 겉절이 비빔밥, 삼계탕 전문

점, 카센터, 쌀떡볶이집, 치킨 or 닭강정(만선), 김치·된장찌개 전문, 해물누룽지탕 그 외 50가지 추천

- **건축자재상점** : 현재 베트남 도심은 한마디로 건축 중이며, 앞으로도 상당기간 건축 세상일 듯 싶다. 자고나면 도시가 달라지는 그런 곳이 베트남이다. 중산층이 수도 없이 생겨나기 때문에 건축자재 상점이야말로 땅 짚고 수영하기식. 이 사업을 잘만 하면 10년 내 100억 원도 문제없으리라 생각한다.

- **외장타일 – 도기장사와 천막사업** : 이 분야 또한 건설공사가 많은 곳엔 초대박 사업. 천막 또한 경제 성장률이 좋은 나라일 땐 엄청 일감이 많다. 자세히 보면 집과 건물만 생기면 도기는 필수. 도심과 그 주변의 변화가 많을 땐 꼭 천막이 따라간다.

- **종합스포츠센터** : 헬스 + 골프 + 에어로빅 + 요가 + 방송 댄스 등 한국식 영상과 K팝, 스크린 광고에 집중한다면 아마 반응이 대단하리라. 한 번 시설을 해두면 오랫동안 재투자 없이 사업이 가능하고 어려운 시절에 운동도 많이 한다.

- **학원교육사업 & 인력사업** : 이 일 또한 재미있는 사업이다. 한국인들에게는 베트남어를 가르치고, 베트남인들에게는 한국어를

가르쳐 한국 기업에 인력을 소개하고, 한국에 있는 기업과 인력 회사로 인력 송출도 한다면 좋은 사업일 듯

• **부동산 & 주식 컨설팅** : 한국인들은 부동산에 관심이 많다. 그래서 지금도, 아니 앞으로도 계속해서 더 많은 사람들이 베트남 부동산에 투자하려고 할 것이다. 또한 해외 주식에도 관심이 많다. 그러나 특별한 정보 은행이 없다. 그 일들을 컨설팅하자는 것이다. 현지 공부를 제대로만 해두고, 좋은 물건과 유망 종목만 선택해 둔다면 그게 바로 돈이 될 것이다.

이 외도 많은 유망 업종이 여러분을 기다리고 있다. 전문가와 상담을 통하여 자세히 공부하시기 바란다.

23

베트남은 어떤 나라인가?

일반 개황

국가명	베트남 사회주의 공화국 (The Socialist Republic of Vietnam)
수도	하노이
면적	330,967㎢ (한반도의 약 1.5배) 남북 1,700km, 해안선 3,200km
인구	9,270만 명(2016년 기준, 베트남 통계청)
남녀 성비	49.4(남) : 50.6(여)
행정구역	5개의 중앙직할시와 58개 성으로 구성
5개 중앙직할시(2016)	호찌민(815만 명), 하노이(722만 명), 하이퐁(196만 명), 껀터(125만 명), 다낭(103만 명)
공용어	베트남어

인종	낀족(Kinh, 전인구의 85.72%) 등 54개 민족
종교(2013)	인구 약 2,400만 명 중 불교(45.8%), 카톨릭(27.1%), 개신교(6.3%), 기타 (20.8%) 등
기후	북부 : 아열대성, 남부 : 열대몬순
시차	한국보다 2시간 늦음(G.M.T + 7시간)
한-베 수교일자	1992. 12. 22.
화폐 단위	베트남동(VND, Vietnamese Dong)
환율	1US$ = 22,750VND(2017년 12월 1일 시중은행 매매 기준)
정치제도	베트남 공산당 1당 체제
당서기장	Nguyen Phu Trong(응우옌 푸 쫑)
국가주석	Tran Dai Quang(쩐 다이 꽝)
국회의장	Nguyen Thi Kim Ngan(응우옌 티 낌 응언)
총리	Nguyen Xuan Phuc(응우옌 쑤언 푹)

베트남 약사

시기	기간	비고
1차 중국 지배	BC 111 – AD 972	– 중국 한나라에 복속 쯩 자매 봉기
전기 Le(레, 黎)왕조	980 – 1009	– Le Hoan이 송나라를 물리치고 건국
Ly(리, 李)왕조	1009 – 1225	– 최초의 자주국가 – 이용상 왕자 고려로 망명 화산 이씨 시조
Tran(쩐, 陳)왕조	1225 – 1400	– 몽고 침입 격퇴
후기 Le(레, 黎)왕조	1427 – 1789	– Le Loi가 명나라를 격퇴하고 건립
남북 분립기	1789 – 1801	– 북 Trinh(찐, 鄭)씨와 남 응원 (nguyen, 阮)씨 대립

응원(nguyen, 阮)왕조	1802–1859	– 현재의 베트남 영토 확정
프랑스 식민시대	1859–1954	– 아르망조약으로 프랑스 보호 국으로 전락
대미 항쟁시대	1954–1973	– 파리평화협정(종전) – 호찌민 사망(1969)
베트남 사회주의 공화국	1973– 현재	– 도이머이정책(1986)

기본 정치체제

베트남은 사회주의 공화제를 국체 및 정체로 하고 있다.

공산당은 국가와 사회를 영도하는 유일세력, 국회는 국가 최고 권력기관, 국가주석은 국가를 대표하는 대통령, 정부는 국가 최고 행정기관이라고 헌법에 명시되어 있다.

최근 정치동향

1986년부터 추진한 도이머이(刷新)정책이 상당한 성과를 거두었다고 평가하고 개혁·개방을 통한 국가발전을 지속 추진하고 있다.

공산당 지배의 정치체제를 유지하면서 체제 안정을 위한 국민화합과 경제 개혁을 가속화 중이다.

이와 함께 부정부패 척결을 지속 추진함과 동시에 개혁·개방 부작용 해소에 노력하고 있다.

개혁·개방 추진과정에서 대두되고 있는 당원 및 관료의 부정부패와 각종 범죄 확산 등의 문제 해소를 위하여 '부패방지법'을 제정하는 등 부패 척결을 강조하고 있다.

농촌 및 소수민족 등 경제발전 소외계층의 불만을 무마하기 위해서는 농촌 개발과 빈곤 퇴치, 소수민족 배려정책 등을 적극 추진하고 있다.

지난 2016년 제12차 공산당 전당대회(2016년 1월 20일·28일)에서 정부 주요 인사를 선출하였고, 2016년~2020년 기간 중 사회·경제 분야의 목표를 수립하였다. 더불어 이를 달성하기 위한 경제개발계획을 인준하였다(전당대회는 5년마다 개최).

베트남 2016~2020년 사회 경제개발계획 주요 내용

경제	2016~2020년 연평균 GDP 성장률	6.5~7%
	2020년 1인당 GDP	3,200~3,500달러
	GDP 대비 공업, 서비스 부문 비중	85%
	총 GDP 대비 사회 투자 비율	32~34%
	재정적자 비율	GDP 대비 4% 미만
	총 요소생산성(Total-Factor Productivity)의 경제 성장률 기여도	30~35%
	2020년 도시화 비율	38~40%

달리는 베트남·미얀마에 나를 세워라

사회	2020년 농업 부문 노동자 비율	총 노동자 수 대비 40%
	2020년 직업훈련을 받은 노동자 비율	총 노동자 수 대비 65~70%
	도심 실업률	4% 미만
	의료보험가입 인구 비율	80%
	빈곤가정 비율	연간 1~1.5% 감소
환경	정수사용 인구 비율	도심 지역 95% 비도심 지역 90%
	폐수처리 비율	85%
	삼림피복률	42%

자료원 : Resolution No. 142/2016/QH13

대외관계

실리적이고 능동적인 경제외교를 통해 자국의 세계경제로의 통합과 개방·개혁정책을 적극 지원한다는 개방적인 외교기조를 유지하고 있다.

'독립, 자존, 평화, 협력, 발전'과 '개방, 다양화, 다변화'라는 기본 원칙하에 중국과 북한은 물론 미국 등 모든 국가와의 선린우호 관계를 유지하고 있다.

적극적인 다자외교 전개를 위한 일정은 다음과 같다.

- 1995년 7월 ASEAN 가입
- 1998년 11월 APEC 가입

- 2007년 WTO 가입
- 2008년 UN 안보리 비상임이사국 피선
- 2010년 ASEAN 의장국 수임
- 2017년 제25회 APEC 정상회담 개최(베트남 다낭시)

사회적 특징

베트남은 근면, 성실, 인내를 갖춘 민족으로서 외세에 굴복하지 않은 역사를 가진 나라라는 자부심이 매우 강하다.

베트남은 전통적으로 여성의 역할이 강조되고 여성들의 사회활동이 매우 활발한 사회다.

6성조를 가진 베트남어가 공용어이며, 중국의 영향을 받아 한자를 표기에 사용했으나 8세기경 한자의 뜻과 음을 차용해 만든 쯔놈(Chu Nom)을 만들어 이용하고 있다. 18세기 말경 예수회 사제들이 쯔놈을 알파벳으로 옮겨 쓰면서 오늘날의 베트남 문자가 일반화되었다.

베트남은 공산주의 사회임에도 국민들의 종교활동을 용인하고 있으며, 일상생활 속에 도교와 유교의 영향을 받은 미신적인 요소가 상존하고 있다.

전국에 450개 이상의 언론매체 및 560종의 인쇄매체가 발행되며, 국영 베트남TV 이외에 각 성별로 자체 방송국을 운영하고 있다. 국내 언론에 대해서는 정보통신부(언론국)에서 인·허가 및 검열업무를 관장한다.

우리나라와 베트남 정부와의 관계

- 1992년 4월 : 양국 연락대표부 설치 합의
- 1992년 8월 : 주 베트남 연락대표부 설치
- 1992년 10월 : 주한 베트남 연락대표부 설치
- 1992년 12월 : 외교관계 수립 및 대사관 설치
- 1993년 11월 : 주 호찌민 총영사관 설치

경제협력관계

국교 정상화 이후 양국 정상을 비롯한 고위급 인사들의 상호 방문이 늘어나고 경제 · 문화 · 예술행사를 장애 없이 교환하고 있다.

2009년 베트남 수상의 제의로 양국은 경제 파트너를 뛰어넘어 정치 · 외교적인 우군을 의미하는 '전략적 협력동반자 관계'를 맺고 있다.

베트남은 한국과의 실질적인 협력관계 발전을 매우 중시하면서도 북한과의 전통적인 우호협력관계를 유지하기 위하여 노력 중이다.

한국 기업의 노동력 공급원이자 현지 생산기지로서 베트남의 중요성은 크게 확대되고 문화측면에서는 한류의 확산거점으로서 그 비중이 커지고 있다.

2015년 12월 20일 한 · 베 FTA가 공식 발효되어 양국의 무역 증진에 크게 기여할 것으로 전망된다.

친한정서 및 다문화 가족문제

화산 이씨 등 역사적인 유대감과 한류열풍 등으로 한국 및 한국제품에 대한 이미지가 매우 좋다.

최근 다문화가족 문제 등으로 청년층에서는 반한(反韓)정서의 조성 가능성도 있다.

한국의 미래, 베트남에도 추격당할 수 있다

베트남 대학생들은 장래 희망으로 기업인이 되고 싶어 한다. 우리나라 대학생들은 공무원이 희망이다. 이 말은 베트남 학생들은 도전정신이 앞서고, 우리 청년들은 꿈이 작아졌다는 반증이다.

지금 대한민국은 양 진영으로 나뉘어 이념과 진영싸움에만 여념이 없다. 현 정부 출범 이후 남북경협과 통일을 이야기했다. 정의와 통합, 나아가 한반도 통일까지. 처음엔 필자도 박수를 많이 보냈다. 그런데 날이 갈수록 이 나라가 불안정한 나라로 돌아간다고 느껴진다. 아마 이렇게 몇 년 지나면 이 나라는 엉망이 되고 말 것이다. 아마 그 피해는 우리 아이들에게 고스란히 돌아간다. 빨리 희망이 있는 나라로 돌아가기를 간절히 바란다.

20년 뒤쯤, 어쩌며 베트남이 우리를 추월할 수도 있다는 말을 들으면 아찔하다. 베트남에 관심을 갖다 보면 이곳의 정체성에 혼란이 생길 때가 있다. 분명 사회주의 공화국인데 실상은 자본주의에 훨씬 가깝다. 베트남 정부가 웬만한 자본주의국를 뺨칠만한 친 기업정책을 펴는 것을 볼 때면 혼란이 생긴다.

　총리가 기업투자 설명회를 직접 찾아가고, 탈 중국 기업 3분의 2가 베트남으로 간다. 우리나라와 완전 딴판이다.

　중국과 접경도시인 랑선에서 열린 투자설명회에도 응우옌 쑤언 푹 총리가 나왔지만 인사말은 제일 나중에 하고 지자체에 힘을 실어주는 모습이다.

　한 베트남 법인장은 "정부가 늘 기업 얘기에 귀를 기울여주고 친 기업정책을 펴는 것이 가장 좋다"고 말했다.

　필자는 요즘 베트남이 부럽고, 필자가 살아가는 한국의 앞날이 걱정된다.

미소의 나라 미얀마편

01

미얀마,
정말 마지막 남은 '기회의 땅'인가?

경제뉴스에 따르면 미얀마의 옛 수도 양곤시의 대형쇼핑몰에 최근 문을 연 한국 프랜차이즈 피자브랜드 '피자마루' 매장은 양곤의 젊은층, 특히 20대 여성 사이에서 핫플레이스로 떠오르고 있다. 개점 3개월 만인 지난달 매출 15만 달러를 넘어섰다. 인근 경쟁 매장보다 2배 가량 많은 것으로 알려졌다.

신남방 진출 늘리는 K프랜차이즈

국내시장 포화로 성장이 한계에 부딪힌 국내 프랜차이즈의 해외

진출은 선택이 아니라 필수다. 현재 400개 브랜드가 50개국에서 4,200개 매장을 운영하고 있다.

앞으로의 대한민국은 각자도생해야 할 세상. 2016년 아웅 산 수지 정부 출범으로 잠이 깬 미얀마 시장에 K프랜차이즈 진출이 본격화하고 있다. 현재 미얀마에는 피자마루 외에 롯데리아 24개, 유가네 닭갈비 5개, 탐앤탐스 3개, 델리만쥬 2개 등 외식분야 10개 K프랜차이즈 브랜드가 44개 가맹점을 운영하고 있다.

미얀마 외식시장은 매년 15% 성장한다. 앞으로 이 시장은 폭발적으로 커질 것으로 전망된다.

02

미얀마는 어떤 나라인가?

옛 버마는 1962년 전후 아시아에서 제일 잘 사는 나라였다.

하지만 버마 신정부가 외국인을 추방하고 국경을 폐쇄하면서 나라 이름도 미얀마로 바꾸고 50년간 외부 세계와 단절했다. 그 결과는 지금 아시아에서 가장 못사는 나라 순위에 있다.

미얀마는 우리가 아는 '민주화의 꽃'으로 불리는 미얀마 아웅 산수지 여사가 있는 나라이며, 지구상에서 북한 다음으로 마지막 미개척시장이다. 2011년 군사정부에서 민간정부가 출범하면서 외부시장에 개방된 따끈따끈한 나라다. 국민 90%가 불교신자인 나라이며 모든 걸 다시 시작하는 '기회의 땅'이요 '황금의 나라'다.

한 눈에 보는 미얀마가 걸어온 길

미얀마는 1948년 영국으로부터 독립 → (버마) → 1962년 군사쿠데타로 군정시작, 26년 간 지속 → 1988년 신군부의 정권장악(신군부의 무혈 군사쿠데타) → 1989년 미얀마로 국명 개칭 → 총선거 결과에 신군부가 불복하면서 정권이양을 거부하자 1990년 국제 제재가 시작 됨. → 2008년 미얀마 연방공화국 → 2011년 민정이양 등 신정권 출범 → 2015~16년 첫 문민정부시대 → 2012~13년도 국제사회 경제제재 해지 → 2011~13년 외국인 투자법 개정 → 헌법상 군부는 상·하원의 25%를 자동으로 확보.

※ 미얀마 대선은 총선을 통해 상·하원을 뽑아 여기서 각각 1명, 군부에서 1명을 대통령 후보로 지명하고, 상·하원이 다시 선거하여 최고 득표자가 대통령이 되며, 나머지 2명은 부통령이 된다.

달리는 베트남·미얀마에 나를 세워라

03

미얀마는 지금 어떻게 돌아가나?

    필자가 3년 전부터 베트남에 이어 미얀마를 답사하면서 느낀 점은 여러 가지다.

    먼저 양곤 시내 차량들이 너무 많아 극심한 교통체증이 아주 심하다는 것이다. 그리고 차들이 모두 낡은 일본차들이다. 버스와 화물차, 순환열차에는 많은 사람들이 매달려 타고 다니고, 옛날 우리나라의 중고 시내버스들이 여기에서 노선표와 광고판을 그대로 달고 다닌다.

    그리고 방값과 집값, 호텔비까지 너무 비싸다는 것이다. 원룸 1칸에 월 100~400만 원까지 임대료를 지불해야 하고, 32평 아파트 한 채가 4~6억 원, 월 임대료가 600만 원 전후이다. 상상을 초월할 정도로 비싼 도시다. 그래서 비즈니스로 가는 한국인은 시내 고급 호텔이나 아파트를 찾을 수밖에 없다.

미얀마 양곤에는 2가지의 주택이 존재한다. 서민빌라와 부유층 그리고 외국인들의 입지 좋은 고급 아파트다.

양곤에는 부유층과 외국인이 살 수 있는 고급 아파트가 많지도 않지만 새로 짓지도 않는다. 시내 좋은 위치에 새 아파트를 지을 땅도 부족하고, 허가도 까다롭다. 전기가 절대적으로 부족하여 24시간 전기가 들어오고 엘리베이터가 설치되어 있는 곳은 고급 아파트와 리조트뿐이다. 특히 초시내권과 인야호수 주변으로 모두 몰리다 보니 호텔과 리조트비가 비싸고, 아파트와 원룸까지 주거비가 엄청 비싸다. 한국인들은 인야호수 주변에 많이 산다. 땅값은 평당 '억'소리 나게 비싼 도시다. 국가 소유의 땅으로 50년간 임차하고 10년씩 2번 연장할 수 있다(개인 땅도 일부 있음). 아파트 분양가는 평당 1,000~1,500만 원대로 상당히 비싸다.

양곤 시내 전체적으로 보면 서민용 저층아파트와 단독빌라는 엄청나게 많이 짓고 있다. 문제는 전기와 수도사정이 좋지 않아 하루에 5~6시간만 전기가 들어오고 이마저도 수시로 정전이 발생한다. 서민아파트는 주로 8층 이하는 엘리베이터가 없다. 대신 분양가와 임대료가 싸다. 일반적으로 전용면적 20평대 전후가 많은데 평 단가는 100만 원부터 300만 원 이하 입지와 옵션에 따라 달라진다. 예를 들어 25평짜리 아파트라면 한화로 2,500만 원 선,

임대료는 70만 원 선이다. 원룸은 30~50만 원 미만이다.

양곤의 서민용 주택에 산다는 건 참으로 불편하다. 전기와 수도 사정이 너무 좋지 않고, 교통 또한 복잡하다. 오토바이가 시내로 들어갈 수가 없도록 되어 있어 어려움이 있고, 물가도 비싸다. 결과적으로 임금은 싼데 살기가 너무 힘들다.

현재 양곤에는 70년대의 서울처럼 상반된 동네가 있다.

기존 양곤 시내는 좁은 지역에 사람들이 바글바글 많고, 쇼핑센터와 시내 유통센터엔 모든 게 비싸다. 그래도 다들 시내권에서 살려고 한다.

시내 바로 앞 강만 건너면 서울의 강남이 개발되기 전처럼 완전 시골 동네다. 정부에서는 아직 다리를 놓지 않고 개발도 하지 않는다.

04

미얀마에 투자해도 안전한가?

미얀마는 자원부국이다. 석유도 나오고 황금과 달러도 많은 나라다.

군부가 집권한 50년간 엘리트 군부 출신들의 세상이었다. 그들은 교육도 많이 받았고, 지금도 대부분 엄청난 부자로 산다. 그러나 대다수 국민들은 빈곤에 허덕이는 나라다.

미얀마의 수도는 양곤에서 320km 떨어져 있는 '네피도(Naypyidaw)'인데 상징적인 행정수도 역할만 하고, 정치 · 경제 · 문화 등 모든 것은 양곤에 모여 있다. 인구 6,000만 명(양곤 인구는 800만 명)에 한국보다 7배 큰 나라, 국민소득이 아직 1,700달러이지만 사업적인 측면에서 보면 5,000달러도 넘는다. 2010년대 이후 새롭게 다시 태어나고 있는 나라다. 양곤까지는 한국에서 직항으로 5시간 30분 걸린다.

미얀마에는 일본과 중국, 싱가포르 등이 집중 투자를 하고 있는데, 기초 인프라는 물론 도로, 항만, 산업단지까지 관여하고 있으며, 여기에 차량까지도 이들이 모두 투자하고 있다.

우리나라가 베트남에 집중하는 사이 일본과 중국은 미얀마에 공을 들이고 있다. 자원이 많고 순진한 젊은 인력이 많은 나라. 이제 개방하여 앞으로의 가능성이 큰 나라이기에 미국까지 가세하여 경쟁이 벌써부터 치열하다. 그래서인지 우리나라 삼성과 엘지도 퇴짜를 맞고, 아직 진입하지 못하고 있다.

미얀마는 우리나라의 80년대처럼 국민 대다수가 아직은 시골 농업에 종사하고 있다. 도시와 농촌의 생활수준이 많이 차이가 나면서 도시로 본격적인 인구 유입이 시작되었다. 현재 도시 거주자는 20%대 후반으로 한동안 도시로 모여들고 있는 시기다. 미얀마는 대가족이 함께 사는 형태이고, 부자들은 어마어마하게 잘 산다. 가족 모두가 개인금고를 가지고 있을 정도다. 그들은 금을 좋아하고, 현금도 많고, 달러 또한 많이 보유하고 있다. 은행에 대한 불신으로 현금을 개인금고에 넣어두고 현금거래를 원하기 때문이다.

이 대목에서 잠시 우리의 70년대 말이나 80년대 초경을 생각해보면 우리나라도 모두 현금 거래였다. 장사를 해도 세금 걱정 안

해도 되었고, 직원 구하기도 쉽고, 임금도 쌌다. 일할 시간은 많았다. 미얀마가 지금 그렇게 돌아가고 있다.

이 나라도 베트남처럼 양곤 시내 어디를 다녀 봐도 상업건물을 짓는 공사판이다. 27세 이하 인구가 약 50%를 차지하는 젊은 노동력이 풍부하고, 임금은 베트남의 3분의 2 수준인 17~25만 원 선이고, 대졸 출신 엘리트 사무직이 30만 원대다.

얼마 전 미얀마에 거주하는 교민에게서 들은 말을 빌리면 의사, 교수의 월급이 30~40만 원 정도라고 한다. 우리나라 식당홀 서빙 급료가 보험 등을 포함하면 300만 원, 고민해 볼만한 금액이다.

미얀마도 글로벌 자본이 집중적으로 들어오면서 빠른 속도로 중산층이 증가하고 있고, 이들을 중심으로 역동적인 소비시장을 형성하고 있다. 이 나라 권력층은 화려한 성장을 원하지 않지만 이제 자본주의의 봇물이 터진 나라다. 그래서 돈이면 다 되고, 돈 안 들어가면 세월아 네월아, 되는 것도 안 된다.

양곤시의 고민은 교통체증과 전기 부족, 수도사정이 열악하여 왕성하게 프로젝트를 진행할 수가 없다는 점이다. 미국을 비롯한 서방의 오랜 금융제재가 풀리면서 2011~2013년 부동산을 일부 외국인에게 개방하여 고급 아파트를 사고팔고 할 수 있고, 일정 요건을 갖추면 개인사업도 할 수 있다.

결론은 외국인이 살 수 있는 아파트는 한정되어 있기 때문에 분양받기 전 분양업체 확인이 아주 중요하고, 가급적이면 콘도아파트나 외국인을 상대로 분양하는 전문 업체를 믿을 수 있다. 8층 이하 일반서민 아파트를 싸다고 사면 낭패를 볼 수 있다.

양곤 시내에는 전철 1호선을 만들고 있고, 여러 개의 신도시가 개발 중이다. 남북고속도로를 닦는 중이고, 산업단지에는 우리나라 포스코와 현대차를 비롯하여 신발, 의류업체 등의 많은 기업들이 이미 진출하였다. 삼성, 엘지도 곧 들어갈 것으로 예상된다.

05

미얀마 부동산시장의 최근 동향은?

알다시피 미얀마는 아웅산 수지 여사의 2016년 민간정부가 들어서면서 사회주의 국가에서 민주 국가로 바뀐 나라다. 2년 전까지만 해도 미얀마는 되는 것도 안 되는 것도 없는 그런 나라였다. 그러나 지난해부터 천지가 개벽했다는 말들이 나오면서 사람들의 인식이 완전 달라졌다. 1~2년 사이 도시가 눈에 띄게 급팽창하면서 사람들의 생각이 부동산을 잡아야 한다는 쪽으로 바뀐 것이다.

시내 고급 주택에서부터 서민용 주택까지 투기바람이 불고 있고, 외곽 도로변 땅들에는 하루가 다르게 신축건물이 들어서고 있다.

미얀마의 부동산은 사실상 50년간 외국인에게 닫혀 있는 시장으로, 불과 몇 년 전부터 외국인들이 본격적인 관심을 갖기 시작했다. 그리고 그 이후부터 급속도로 부동산 가격이 급등한 후 지금도 지속적으로 활황세다.

양곤 시내 다운타운 등 많은 상업용 부동산 개발이 활발하고, 부동산 투자로 재미를 본 부자들이 많이 생기면서 여기도 투기 열풍이 불고 있다. 특히 임대수익을 많이 올릴 수 있는 상업용 건물은 인기가 좋아 짓기 바쁘게 높은 가격에도 불구하고 즉시 계약이 되고, 임대가도 무척 비싼데도 점포 구하기가 어렵다.

현재 미얀마는 경제제재가 풀리면서 향후 무궁무진한 성장 잠재력이 높은 이곳의 시장 선점을 위해 하루가 다르게 양곤으로 사람들이 몰려들고 있다. 이로 인해 호텔방 구하기도 쉽지 않다. 심

지어 로컬주택들은 골조만 올라가도 매매가 곧바로 이루어질 정도다. 이런 연유로 자본주의에 눈을 뜬 현지인들도 경쟁적으로 임대료를 올리고 있다. 시내의 노후화된 건물이 새롭게 변신중이고, 새로운 산업단지가 여기저기 생기는 중이다.

지금 양곤은 급성장 초기에 나타나는 징후들이 보이기 시작했다.

베트남의 뒤를 이어 마지막 개방을 선택한 미얀마는 무서울 정도로 질주하기 시작했는데, 여기서 문제는 기간산업이 취약하여 전력과 통신망, 물류, 기본적인 인프라 등 해결할 것이 많고, 금융산업이 어렵다는 점이다.

그리고 부동산 임차비가 너무 비싸다. 현재 양곤에는 10만 명 이상의 외국인이 상주하고 있다. 그럼에도 불구하고 이 나라에서 장사를 하겠다고 들어오는 사람들이 너무 많다.

여기에 기존 상류층 부자가 약 60만 명 정도다. 고급 콘도아파트는 양곤시 전체가 약 2만 세대로, 비율로 보면 15% 수준이다. 아직도 턱없이 공급량이 부족하다. 참고로 우리나라는 한해에 30~40만 호를 건설한다. 물론 서울만 따지면 얼마 되지 않겠지만 말이다. 수요는 폭발적으로 늘어나는데 고급 주택 공급이 늘지 않다보니 거주할 집이 부족하여 임대료가 천정부지로 올라갔다. 그러다보니 집값 또한 계속 밀어올리고 있다. 글로벌 기업 사무소를 양곤 시내에 집중적으로 개설하다보니 사무실 구하기도 쉽지 않다.

미얀마에서 임대방 구할 때 한국인 부동산에서 하는 게 편하다.

부동산 중계료는 보통 1달 월세 기준으로 지불하면 되고, 계약 기간은 6개월에서 2년까지 계약이 가능하다.

집을 볼 때 수도가 있는지, 전기가 부족하므로 발전기가 있는지, 에어컨 그리고 창문 등의 잠금장치, 온수기와 집안에 벌레 등이 있는지 자세히 확인할 게 많다.

06

미얀마의 명(明)과 암(暗)

아시아의 마지막 남은 '황금의 땅' 미얀마는 현재 세계에서 가장 역동적으로 변신중인 나라다. 돈 많은 현지인들에게는 천국 같은 세상이고, 돈이 춤추는 나라다. 은행에 예금하면 10%의 이자가 나오고, 부동산에 투자를 해도 1년에 30% 이상 수익이 발생한다.

상가나 아파트 어느 곳에 투자를 해도 임대수익이 확실히 보장된다.

한마디로 양곤에서 부동산 투자와 사업에 성공한 사람들은 지금 대복을 탄 사람으로 보면 정답이다.

반대로 일만 하여 먹고사는 대다수 국민들은 한마디로 죽을 지경이다. 주거비가 비싸고, 생활비도 너무 높아 빈부격차가 아주 심하다. 그래서 중산층이 별로 없다.

참고로 미얀마의 주식시장은 아직 상장기업이 몇 십 개에 불과하고 급등락이 심하여 접근하기가 어렵다. 필자가 증권회사를 방문하여 전광판을 보니 칠판 하나 크기에 몇 개의 종목으로 변동성이 심한 장이었다.

한편, 미얀마 정부는 올해 말쯤 외국인 은행을 추가로 인가해주기로 결정, 우리나라 국민과 기업은행 등이 미얀마 3차 은행으로 진출한다.

'포스트 베트남'으로 불리는 미얀마에 진출하기 위해 은행권이 분주한데 미얀마가 우리 정부의 신남방정책의 거점이자 성장잠재력이 큰 시장이기 때문이다. 미얀마 정부가 연내 은행업 인가를 추가로 내줄 계획이라는 것도 경쟁을 치열하게 만든 요인이다.

미얀마는 2014년 금융시장을 개방했다. 하지만 아직 은행 이용률은 23% 수준에 불과하다. 그만큼 시장을 개척해 나갈 여지가 많다는 점이다. 따라서 국민은행은 앞선 디지털 영업방식을 양곤에 선보일 예정이다.

07

미얀마는 창업하기 좋은 나라인가?

　미얀마는 현재 '기회의 땅'이 분명한데 정보가 매우 부족한 나라다. 이 나라 법은 이해하기 어려운 점이 많다. 이 말은 철저히 준비한 사람에게만 '기회의 땅'에 해당된다는 것이다. 막연한 환상만 가져서는 절대 안 되고, 처음 진입부터 그리 녹록한 나라는 아니라는 말이다.

　미얀마는 인생역전을 꿈꾸는 사람들에게는 더할 나위 없이 좋은 환경인 것이 틀림없다. 하지만 문제는 특별한 정보도 없고, 현지에 가보면 아직은 모든 것이 어수선하고 너무 복잡함을 느끼게 된다.

　제일 큰 문제는 언어다. 소통이 되어야 뭘 해도 하는데, 영어도 잘 안 통한다. 통역할 사람 찾기도 어렵다. 그래서 사전에 공부를 철저히 해야 한다.

역발상으로 보면 베트남보다 더 많은 기회와 조건을 갖추고 있어 앞으로 15년 동안 할 게 참 많은 나라다.

베트남보다 몇 년 뒤처져 있지만, 베트남은 벌써 웬만한 건 다 있는 나라이고, 어느 지역을 가더라도 도약기에 접어든 상태다. 한국사람끼리도 경쟁이 치열하다.

여기에 비해 미얀마는 초도심권에만 집중적으로 사람이 모이고 개발이 이뤄지고 있다.

결과적으로 미얀마는 모든 것이 새롭게 시작하는 나라로 보면 된다.

지난날 필자의 경험으로 뒤돌아 볼 때도 그러했다. 신도시 초기 허허벌판에 어수선하고 집도 많지 않았지만 개발이 본격적으로 시작됐고, 신도시를 구경하기 위해 오는 사람이 알게 모르게 상당히 많았다.

결과적으로 경쟁사는 없고, 장사는 끝내주게 잘되었다. 진짜 실속은 이러한 시기에 발생한다. 양곤 상권은 시내 어디라도 좋은데, 미얀마프라자와 골든시티 주변 가게들은 임대료가 상당히 높다.

그래서 현재 양곤은 좋은 가게 잡기가 쉽지 않다. 임대료도 만만치 않고 주거비도 비싸다. 확실한 맥을 잡기도 쉽지 않다. 지역 입지를 모르다보니 선택이 어렵다.

　반대로 무엇이든 이 도시에 안착만 하면 가능성은 일단 크다. 해외 창업을 꿈꾸는 사람들에게 꼭 맞는 조건들을 많이 가지고 있는 나라이기 때문이다. 일단은 일할 사람이 많고, 임금이 싸다. 시간에 구애받지 않고 일을 시킬 수 있고, 무엇보다 CEO 맘대로 직원 관리가 가능하다. 카드가 아니고, 현금이라 세금 걱정은 아직은 안 해도 되는 나라, 또 할 게 많은 나라다. 우리나라 1980년대부터 2000년까지 호황을 누렸던 아이템을 발굴하여 현지에 접목하면 성공이 보이는 나라다.

한 가지 팁을 주자면, 다른 나라에서의 창업은 리스크가 걱정되니까 맨 몸으로 하는 사업이 좋은데, 과거에 대유행했던 네트워크 사업 같은 게 이 나라 서민들 속으로 들어가기 딱 좋은 시기이면서 아이템일 듯하다.

08

미얀마 진출 기업과 현지 사정

미얀마에 진출한 한 기업에 대해 알아보자.

10년 전 미얀마 양곤에 뛰어든 기업을 보니 섬유공장을 차리고 나니 포장박스 공급이 제대로 안 되어 박스공장을 하나 만들고, 건설사업을 해보니 규격 벽돌 공급이 원활하지 않자 벽돌공장을 차리고, 외식사업을 추진하다 보니 식자재 공급이 제때 안 되니까 직접 식자재마트를 차렸다.

미얀마는 자세히 보면 아직 규격화된 게 없는 나라다.

외국인 투자가 무섭게 치고 들어오니까 미얀마 정부도 이제 자국민 보호와 빈곤 해결을 위해 성장 드라이브를 걸고 있다.

시장개방과 개혁이 태동기를 거치면서 그동안 취약한 금융, 통신 등 전반에 걸쳐서 빠른 성장 정책을 추진하고, 기초기반시설인 건축, 토목사업과 도시화사업도 본격적으로 이뤄지고 있다.

미얀마는 통신라인이 많이 부족하다. 하지만 인터넷과 스마트폰에 친숙한 청년들의 스타트업기업이 수백 개씩 생기고, 도전하는 청년이 많다. 게다가 양곤 인근 경제특구 티라산업단지 등에 글로벌 기업들이 하루가 다르게 들어오고 있다.

미얀마는 순수한 국민성에 치안이 좋은 나라다. 시차는 우리보다 2시간 반 늦다.

미얀마는 아직 꾼들이 많지 않은 나라다. 이 나라로 기업하기 위해 들어오는 사람이 많다보니 호텔비가 10~30만 원 이상 한다. 게스트하우스도 다른 나라와 비교해 비싸다. 양곤에 상주하는 외국 기업 주재원과 한국여행객까지 양곤 시내 고급 호텔을 찾다보니 가격이 높다.

미얀마와 베트남은 닮은꼴이 많다. 같은 공산국가에 이런저런 이유로 개방의 문을 늦게 열었고, 큰 땅과 많은 젊은 인구, 자원이 많은 나라다. 조금 못살지만 순수한 국민성이 있고, 아무튼 열정이 넘치는 젊은 나라다.

미얀마의 6월부터 10월까지는 우기다. 11월부터 3월초까지는 생활하기 좋은 계절이다. 호찌민에 역사가 묻어 있는 벤탄시장이 있다면 미얀마 양곤엔 보족아웅산전통시장이 있다. 이곳은 양곤 최대의 시장이며, 2,000여 개가 넘는 가게 중 보석가게가 많다.

그 이유는 이 나라에 좋은 보석이 많이 나오기 때문이다.

베트남의 벤탄시장처럼 이곳에 환전가게도 있다. 그리고 베트남과 미얀마 모두 남쪽에 위치해 있다.

기차시장이라는 던양곤시장은 번개시장이고, 딴시장은 새벽 야채시장이라 외식업을 할 분들은 여기서 각종 채소를 구입하면 저렴한 가격으로 살 수 있다. 차이나타운 야시장은 양곤의 먹을거리 시장인데 미얀마의 삶과 문화를 가까이에서 느낄 수 있는 곳으로 한번쯤 구경하는 것도 유익하다.

양곤의 명물은 쉐다곤파고다로, 입장료가 조금 비싼 게 흠이지만 미얀마의 상징 같은 면을 볼 수 있다.

양곤 시내의 이동수단은 오토바이가 다닐 수 없기 때문에 대부분 버스나 택시, 그랩을 타는데, 이게 대중교통이라고 보면 된다. 이 나라 버스는 한국 버스가 많다. 영어 표시가 없기 때문에 잘 보고 타야 한다. 승차요금은 150원. 택시와 그랩은 요금을 흥정하여 타야 바가지를 쓰지 않는다.

순환열차도 있는데 요금은 버스랑 비슷하고, 짐을 많이 싣고 다닌다.

화폐단위는 '짯'인데 1짯이 우리 돈 약 0.8원이다.

09

미얀마 문화의 정점 '만달레이'

만달레이(Mandalay)는 미얀마 제2의 도시다. 양곤에서 700km 거리의 중북부에 위치해 있고 수많은 불교사원과 최고 명물인 신뷰메파고다 그리고 다양한 불상 등의 유적지가 많은 도시다. 인구는 약 170만 명이고, 양곤이 경제도시라면 만달레이는 역사도시다.

미얀마 사람들이 더 나은 경제적인 기회와 성공을 위해 첫 번째로 가고 싶어 하는 곳이 양곤이고, 두 번째가 만달레이다.

이곳 남자들은 치마를 두르고 다니는데, 이는 치마라기보다는 남자들이 입는 론지다. 가격도 싸고, 시원해서 좋다.

여기는 이동수단도 다양하다. 버스와 화물차, 삼륜거, 오토바

이, 택시 등이다. 이 지역이 강변도시라 강을 이용해 운송수단이
발달되어 있다. 만달레이국제공항은 고속도로를 타고 40분 거리
에 있으며, 현재 우리의 경부고속도로처럼 양곤에서 네피도를 거
쳐 만달레이까지 고속도로를 추진하고 있다.

만달레이도 많은 프로젝트를 추진하고 있는데, 만달레이항과 산
업단지에 미얀마의 양대 축으로 각종 개발이 이루어지고 있다. 기
후는 18~27℃로 생활하기 좋은 날씨다. 현재 우리 교민은 그렇
게 많지 않고, 중국인이 많다.

지도를 자세히 보면 베트남의 호찌민-하노이 / 미얀마의 양곤-
만달레이가 비슷한 위치에 닮은꼴로 개발이 이루어지고 있다. 이

지역도 머지않아 한국인에게 유망사업과 투자 지역으로 급부상할 것으로 보인다.

지금 봐도 호텔, 리조트사업과 숙박서비스사업 등이 좋게 보인다.

한번쯤 눈여겨보는 것도 좋을 듯한 곳이다.

10

미얀마 진출 성공기업 사례 둘

성공스토리 1

매의 눈을 가진 자, 기회의 땅을 알아본다.

이제 한국에서 살아남을 수 있을까. 지금 한국 경제는 활력을 잃어간다. 일본의 잃어버린 20년 때처럼 우리도 지고 있다. 다른 지역을 볼 필요도 없이 강남상권을 자세히 보자. 겉만 화려하지 속을 보면 무섭다. 이제 한국에서 장사는 안 된다. 지금 눈을 새로운 곳으로 돌리지 못하면 우리는 죽는다.

지금 '미얀마의 삼성'으로 불리는 ○○그룹. 2007년 국내에서는 사업이 어렵다고 판단하여 미지의 나라요 기회의 땅인 미얀마로

가기로 결정했다.

인천의 작은 건설회사가 12년이 지난 지금 미얀마에서 11개의 계열사와 직원 1만 명을 거느린 미얀마 최고 유망기업으로 성공했다.

용기 있는 자에게 주는 하늘의 선물이었나?

10년 전만 해도 미얀마에서 사업을 한다는 게 그리 녹록치는 않았을 텐데 역경과 고난을 이겨내고 이렇게 성공했다는 데에 찬사를 보내고 싶다.

이제 열정 가득한 우리들의 차례가 아닐까?

성공스토리 2

장사와는 전혀 관계가 없던 한국 여인이 한국에 돈 벌러 온 미얀마 남자와 결혼하여 수년전 양곤으로 돌아가 사업을 시작했다. 처음 시작한 장사가 치킨베이커리. 한국에서 맛있게 먹은 것이 사업 아이템이었다.

미얀마가 하루가 다르게 번창하면서 그들도 4년 만에 직영점 10개에 직원 100명 이상 규모로 성장시켰다. 준비 없이 사업이 성공을 하다 보니 내부적인 문제가 생겼고, 부부는 결국 결별하게 되었다.

문제는 여기서부터인데 부부 이혼 시 미얀마는 외국인에게 재산권이 없다. 결국 미얀마 남자가 모든 재산을 차지하고, 여자는 빈털터리가 되었다.

그러나 지금 그녀는 또 다른 사업을 펼쳐 양곤에서 대박의 길로 가고 있다는 소문이다.

11

5~7년 후 양곤은 '제2의 호찌민'이다

현재 양곤 시내는 자동차, 사람, 새로운 건축물로 정신이 없다. 볼수록 '미얀마 드림'이 생긴다.

수년 내 양곤은 '제2의 호찌민'이다.

포스트 차이나. 현재는 베트남을 이렇게 부르고 있다.

요즘 경제뉴스를 보면 중국에 있는 수많은 기업들이 베트남으로 옮겨간다는 소리가 나온다.

벌써 글로벌 기업들이 움직이고 있다. 이제 우리 개인도 다시 시작하는 미얀마에 먼저 들어가 선점하자.

솔직히 필자는 '글쟁이'는 아니다. 단지 장사 쪽과 투자 쪽은 그 본질을 안다. 끼가 그쪽인데다 연구 또한 많이 해왔다. 필자의 눈으로 볼 때 이제 대한민국보다는 베트남인데, 베트남의 많은 지역을 답사하면서 얻은 결론은 베트남 어느 지역을 가도 모두 좋다는 것이다.

베트남과 미얀마는 시기적으로 너무 좋은 환경이다. 이러한 내용을 우리 젊은이들에게 전하고 싶다.

젊음은 짧다. 한국에서 마냥 시간을 죽이지 말고 하루 빨리 '기회의 땅'에 가서 고생을 해보라. 분명히 땀의 대가가 돌아올 것이다.

지금은 미얀마에 대해 공부하는 시간이다. 어차피 베트남과 미얀마 두 나라 모두 공산국가로 제도가 비슷하다. 문제는 언어가 제일 큰 숙제이지만 절박한 심정으로 꿈꾸는 성공을 목표로 해외 창업을 선택한다면 장기적으로 가능성이 더 큰 곳을 선택하는 게 현명하지 않을까. 이런 생각은 단순히 허황된 말이 아니다.

이에 대해 더 자세하게 알아보자.

첫 번째, 미얀마 정부가 외국인들에게 자본주의 시장경제로 문을 활짝 열어주었고, 둘째, 넓은 땅과 자원이 많고 가능성이 큰 나라다. 셋째, 인구가 많아 젊은 노동력이 풍부하고 임금이 많이 싸다. 그리고 제도가 까다롭지 않고, 세금도 별걱정 안 해도 된다. 여기에 현금거래까지.

처음 남의 나라에서의 창업은 사실 낯설기도 하고 두려움이 클 수밖에 없다. 그러나 베트남과 미얀마를 현지답사해보면 이미 많은 한국사람들이 다양한 장사를 하고 있다는 것이다.

가게 찾기도 어렵고 임대료와 주거비가 비싼 걸 단점으로만 보지 말고, 이를 역으로 장점으로 본다면 확실한 '기회의 땅'이다.

자신이 있는 분야에서 좋아하는 아이템이 선정되면 실행을 해야 한다. 그런데 믿을 만한 현지 파트너 구하기가 싶지 않을 것이다. 또 먼저 현지에 정착하여 성공적으로 사업을 하시는 분들의 자문도 받아야 한다. 그 지역 문화도 익히고 주변에 호감을 사서 신뢰를 쌓아야 진입이 쉬워진다. 철저히 준비하고 면밀히 미얀마를 공부한 사람만이 성공의 단맛을 볼 수 있을 것이다.

솔직히 미얀마 창업은 필자가 생각해도 가시밭길로 보인다(필자도 1년 전부터 좋은 조건의 파트너를 찾고 있는 중).

미얀마 법은 아직 있으나마나한, 돈으로만 통하는 법이라고 보면 된다. 물론 법은 있다. 좋은 가게를 찾기도 어렵지만, 좋은 파트너를 찾기도 쉽지 않다. 무엇보다 순탄하게 안착할 수 있게 길 안내를 할 사람도 없다.

앞에서도 말했듯이 불과 몇 년 전만 해도 상상도 못한 미지의 나라이기 때문에 모든 게 어려울 수밖에 없다. 그러나 이걸 역발상으로 고민해보면 아직 진입장벽이 높기 때문에 많은 사람들이 엄두를 못 내고 있을 때 남보다 한 발 앞서 뛰어들어야 희망이 2배로 크다.

두 번째 어려움은 언어다. 죽기 살기로 1년 이상 현지 언어를 습

득해야 이 나라에서 무슨 일을 해도 버틸 수가 있다. 즉, 언어가 돈이다. 통역만 믿고 살면 본인이 힘들다. 직원 겸 통역을 구하는 방법은 대학에서 한국어과 출신들을 채용하는 게 여러모로 좋다. 미얀마 주재 한국코트라에 가서 알아봐도 된다.

베트남은 이미 한국인 도시와 산업단지 등이 곳곳에 많고, 한국인이 넘쳐나기에 별 어려움 없이 일을 추진할 수 있다. 하지만 미얀마는 아직 그렇지 못하다. 이미 일본사람들이 먼저 꽉 잡고 있다. 그래도 양곤 시내를 돌아보면 그 어려움을 뚫고, 이미 미얀마에 정착하여 활기차게 사업을 이어가는 한국인이 상당히 많다.

창업도 투자도 결국은 타이밍이다. 변화의 파도를 타야 인생역전도 따라온다. 앞으로 15년은 7% 이상의 경제 성장이 될 거라 하니 기하급수적으로 변화의 소용돌이가 휘몰아칠 세상, 즉 달리는 말에 올라타야 원하는 성공이 보일 것이다.

해외 창업은 대입을 준비하듯 차근차근 집중적으로 공부해야 하고, 우선은 간단한 단어부터 배워서 현지에 갈 때 써 먹어보면 그 나라 사람들과도 친밀감이 생기고 성향도 알게 된다.

이 나라는 할 게 너무 많은 '기회의 땅'이다. 물론 경험이 많은 필자의 눈에는 그렇게 보인다. 투자 아이디어와 본인만의 필살기만 있다면 장사하기는 정말 신바람나는 나라가 분명히 맞다.

외식업을 예로 보면, 초기 창업비용이 얼마 안 들어간다. 점포 보증금과 시설비가 별로 없다. 식재료 값은 정말 싸고, 구하기도

달리는 **베트남 · 미얀마**에 나를 세워라

쉽다. 게다가 직원 구하기도 쉽다.

지금 미얀마에서 할 만한 아이템을 선정해 보라면 그 수가 너무 많다. 각자의 전공분야가 있기 때문에 잘 할 수 있는 쪽으로 파고 들면 남보다 빨리 목적지에 도달할 수 있다.

창업 도전도 본인의 인생길도 결국은 퍼즐 맞추기가 아닐까?

2년 전 양곤 근처에서 돼지를 키우며 미얀마 여인과 결혼하여 사는 분이 필자에게 지하수 뚫어주는 사업을 하자고 제의가 왔었 는데 필자는 적성이 안 맞아 거절했다. 내용을 들어보니 아직 대 부분 시골에는 지하수를 손으로 파고 있어 우리나라의 지하수 뚫 는 중고 기계를 가져가면 많이 받고 팔기도 하고, 지하수 공사도 하면 돈 벌기가 쉽다는 설명이었다. 미얀마는 이처럼 아직 부족한 게 많은 나라다.

12

미얀마의 유망 사업 분야는?

양곤에는 사람도 많고 공사현장도 많고, 차량매연도 엄청 심하다. 그래서 먹고 마시는 사업은 한동안 좋을 것이다. 아마 한 해 한 해 매출이 폭발적으로 늘어날 것이다. 우리나라의 1980~90년대와 중국의 1990년 후반부터 2000년대를 보면 똑같은 길을 걸어왔다. 중국 자영업 환경을 보면 1990년 중반부터 2015년까지 한마디로 천지개벽이었다.

아마 이대로 10년 후에는 양곤에도 너무 경쟁이 치열해서 들어가기도 어려워지고, 성공 확률도 떨어진다고 본다. 매년 7%대 이상의 경제 성장에 풍부한 노동력이 인구의 50%에 달하고, 노동자 인구가 30세 미만인데 더 이상 뭘 계산해볼까?

대략적인 유망사업에 대해 알아보면 건설과 호텔, 제조, 물류, 환경, 부동산, 숙박, 서비스, 교육, 스포츠, 첨단기술, 농산물, 소프트웨어 개발, 금융 등이다.

미얀마는 물적 인적 자원이 풍부해 노동집약적인 경공업이 유리한 환경이다.

먹는 장사는 그 수를 헤아릴 수 없이 너무 많다. 떡볶이부터 닭강정까지. 이밖에 더 구체적으로 다른 분야를 보면, 유학사업이나 스포츠용품사업, 광고사업, 문화콘텐츠사업(음악), 홈쇼핑사업, 스마트 폰 A/S센터, 건자재사업, 한국형 마트, 편의점, 의료기기사업, 유아용품, 전기공사, 사진관, 그래픽복사, 프랜차이즈본부, 인력사업, 운수사업, 차량정비, 인테리어 등이다. 유심히 찾아보면 꽃길을 걸을 수 있는 아이템이 보일 것이다.

미얀마에서의 처음 창업은 가능한 한 맨몸으로 들어가 자본 없이 시작하고, 진짜 본격적인 무기는 그들이 알아주는 '한류' 열풍을 파는 게 좋을 듯하다.

13

'프놈펜의 기적',
인접국 캄보디아에선
이런 사업을 하라

지금 캄보디아는 이웃나라 베트남 호찌민 경제의 자극을 받아 프놈펜 경제가 상당히 활황이다. 프놈펜 중심지에 아직은 저렴한 땅과 투자용 부동산 물권이 많아 재테크하기에 좋은 환경이다.

아직 이 나라는 모든 것이 아날로그 시대라 눈만 크게 뜨고 발품을 판다면 한동안은 사업과 투자로 팔자를 고칠 기회가 많은 나라다.

매년 경제 성장률 7~8%에 도시인구도 22%선이다. 앞으로 많은 지방 사람들이 도시로 몰려들 것이다. 20대 초 · 중반이 인구의 절반이 넘는 나라다.

캄보디아는 정치적 안정세에 따라 갈수록 무한 활력을 꽃피울

달리는 베트남 · 미얀마에 나를 세워라

희망이 있는 나라다. 국가에서도 완전 자본주의 시장경제를 도입하여 베트남처럼 기업유치와 인프라에 모든 역량을 다하고 있다. 아직은 노동집약적인 섬유와 신발 등에 외국인 기업이 주류를 이루지만, 거대 중국 자본과 기업들이 들어오고 있다. 벌써 산업단지와 까나리아공단 등에는 저임금에 많은 기업들이 가동 중이고, 신도시도 집중적으로 건설되고 있다.

이 나라의 상위 20%는 엄청 잘살기 때문에 부동산이 불티나게 팔리는데 우리나라 1970~80년대 '복부인'들처럼 싹쓸이하는 곳도 많다. 여기에 중국의 부호들이 현지 부동산 프로젝트에 참여하고 있고, 개인 투자자들은 프놈펜 아파트와 상업건물, 호텔 등을 매입하고 있다.

이 나라는 집짓는 건축기술이 초보단계다. 그래서 집짓는 건축 관련 사업과 설계, 건자재, 창호, 인테리어조명, 한국의 가전, 가구, 주방 등 재활용품 전시장 그리고 부동산컨설팅과 투자 등의 분야는 일이 많고, 선진 건축기술을 원한다. 한동안 이쪽 분야는 꽃길로 보인다.

프놈펜에서의 장사는 가능한 한 시내 로얄팰리스, 강변 가기 전 다운타운지역에다 자리잡는 게 길게 보면 유리하다. 외국인 여행자거리는 보기만 좋을 뿐 현지인들에게 밀린다. 또 공항 길목은 교통체증이 심하여 장사와 투자할 때 참고해야 한다.

킬링필드라는 슬픈 역사와 밀림 속의 신비한 사원 앙코르와트가

먼저 떠오르는 나라 캄보디아는 인구 1,600만 명에 프놈펜에만 200만 명이 산다. 얼마 전까지만 해도 세계 최빈국이었다. 기후는 항상 덥고, 국민의 80%가 어려운 환경 속에서 산다. 국민소득이 베트남에 2분의 1 수준인 1,500달러. 툭툭이가 많이 다니고, 우리나라의 오래된 중고 화물차들이 이 나라에서는 여전히 쌩쌩 달리고 있다. 이제 이 나라 국민들도 뒤떨어진 농업과 메콩강 고기잡이에서 화려한 도시의 빵과 교육을 원한다.

　캄보디아 부동산은 2005~2008년까지 많이 올랐다가 2008년 금융위기 때 베트남처럼 폭삭한 후 2013년부터 다시 본격적으로 경제개발이 활발해지면서 현재에 와 있다. 캄보디아의 부동산투자는 달러 재산을 보유한 것과 같다. 거래를 달러로 많이 하기 때문이다.

현재 프놈펜의 우리 교민은 만여 명 수준으로, 선교사가 많다.

시내를 가로지르는 메콩강이 흐르고, 벙깽꽁지역과 똘꼭지역이 상권이 좋고, 호텔과 쇼핑센터, P&F시티 등의 인근이 개발 중이다. 외국 주재원들도 많이 산다. 인근 투마이신도시에 아파트 건축이 활발하고 분양도 많이 하고 있다. 캄코시티는 한국인들에게도 직접 분양하고 있다.

약간 변두리인 보레이지역의 주상복합 및 상가주택의 30평 기준이 8,000~1억 5,000만 원 정도 하고, 어떤 지역은 3~4천만 원대에 분양하는 곳도 있다.

주택단지 착공만 하면 동배치 위치만 보고 계약이 모두 이뤄진다. 그리고 공사 진척에 따라서 프리미엄이 붙는다. 투자수익은 보통 30%까지 발생한다.

또 투자에 관심이 가는 지역은 시내권과 공항 우측 신도시 지역이 좋고, 베이띠엉시장, 차이나타운 등에는 항상 사람이 많은 지역이다.

초시내권의 외국인 상대 고급 아파트는 분양가가 높다.

이 나라도 쌀국수가 유명하고, 가정집에 냉장고가 많지 않다. 후추와 커피가 많이 생산되고, 의료시설이 안 좋고, 식수와 모기를 조심해야 한다, 시차는 호찌민과 같이 2시간이 늦다. 그랩('패스

앱'이 생겼다)을 이용하는 게 좋고, 택시는 미리 흥정을 하고 타야 한다. 주의할 점은 날치기가 많아 휴대폰이나 가방을 조심해야 한다.

우리나라에서 프놈펜 직항이 있고, 비자는 여러 가지가 있다. 프놈펜국제공항에서 즉석비자를 발급받으면 쉽다. 1개월 후 연장까지 된다. 캄보디아도 우리의 경부고속도로처럼 프놈펜에서 시하눅빌까지 250km 고속도로 공사를 시작했다. 중국 자본에 의해 4차선으로 건설되는 캄보디아 최초의 고속도로다.

생활물가는 식대 1끼에 보통 1,000~2,000원 선, 돼지고기 1kg은 5,500원, 소고기 1kg은 1만 원 선이다.

프놈펜 북서쪽에 위치한 씨엠립에서는 앙코르와트와 톤레샵호

수, 올드마켓 부근, 여행자거리의 일명 펍스트리트 일대가 그나마 볼거리가 있다.

끝으로 캄보디아 격언 하나를 소개해 본다.

"미래를 겁먹지 말고, 과거 때문에 슬퍼하지 말라."

14

해외 창업 진출을 위한 마음자세

대한민국에 사는 지금 해외창업과 투자는 필수다. 이제 우리 앞에는 인생의 마지막 찬스가 와 있다. 아무것도 없고, 엉망진창인 캄보디아에서도 인생 대역전을 해낼 수 있다. 말은 통하지 않지만 따뜻한 스킨십으로 현지인들을 감동시키면 된다.

가슴뛰게 할 미얀마.

미얀마는 변수가 많은 나라다. 한 국가가 반세기만에 세상 사람들에게 문을 열었지만 그들의 마음까지 다 보여줄 거라고 기대할 수는 없다. 세월이 어느 정도 흘러야 그들의 속마음을 조금 알 수 있을 것이다. 그때까지는 공부기간으로 보고 새로운 세상을 즐기면 된다.

해외 진출의 우선순위는 국내 가정과 하던 모든 일들을 튼튼하게 마무리해 두고, 자신의 능력 30% 이내에서 일을 추진한다면, 분명 꿈과 희망은 이루어질 것이다.

다시 한 번 말하지만 세상을 넓게 본다면 뻔한 생활을 과감히 뒤로 하고 미얀마에서 자신만의 세계를 준비하는 것도 시간이 지난 후 되돌아보면 다른 인생을 살고 있는 자신의 모습을 보게 되지 않을까?

월급 20만 원 미만을 받는 미얀마 청년들도 스마트 폰을 본다.

가파르게 발전하기에 남보다 한 발 먼저 자리를 잡는 자, 나중에 웃을 것이다. 지금이 너무 빠른 시기도 아니고, 너무 늦은 때도 아니다. 본인이 실행하는 그때가 바로 '골든타임'이다.

다르게, 틀리게, 이상하게 생각하라

실패 없는 장사는 사업이 아니다.

"5,126번의 실패가 나를 만들었다. 수십 년 동안 하루도 빠짐없이 기술개발에 몰입, 연구를 안 할 땐 죄책감이 들었다."

날개 없는 선풍기, 먼지봉투 없는 청소기, 속이 뻥 뚫린 헤어드라이기 등 기존의 상식을 깬 가전으로 유명한 영국 회사 '다이슨.' 본인의 이름을 새긴 제품을 75개국에서 2017년 한 해 1억대 이상을 판매한 회사다.

'가전계의 스티브잡스'로 통하는 제임스 다이슨은 호기심을 신봉하고, 제안을 경청하고, 실수를 존중한다.

그는 사람들에게 "많이 실수하고, 다르게 생각하라. 결국 실수에서 성공이 나온다"라고 말한다.

다이슨은 현재 이 기업의 오너이지만 CEO는 아니다. 전문경영인을 두고 기술개발이 더 좋아 연구만 한다. 즉, 발명가로서 5,126번을 실패했지만 절대 포기하지 않았다.

그에게 아무것도 안 되는 순간을 맞닥뜨릴 때나 대부분 포기할 그 시점에도 정말 열심히 하면 뭔가가 일어났다.

사장의 삶은 고달프다. 성공하기까지 많은 실패를 거듭해야 조금씩 희망이 보이기 시작한다.

창업 도전의 원동력은 끝을 보는 독한 마음이 없이는 찬란한 성공도 맛볼 수 없다.

필자 또한 이분과 닮은 점이 조금 있다고 생각한다. '젊은 날의 실패는 실패가 아니고 성공을 위한 노하우가 쌓여가는 것'이다.